企画は、ひと言。

石田章洋

JN094090

日経ビジネス人文庫

ひと言で言うと、この本は……

思いをカタチにするための本です。

モヤモヤが「！」に変わり、
ウケるアイデアが
おもしろいように実現するようになります。

文庫版まえがき

就職活動をする大学生に毎年、安定して人気を呼んでいるのが、企画職です。

ひと口に企画職と言ってもさまざまな種類があり、商品やサービスを新しく作るための「商品企画」もあれば、売り上げを伸ばすための「営業企画」もあります。

商品をどう売るかを決める「販売促進企画」もありますし、PRのための「広報企画」もあります。その企画がBtoBなのか、BtoCなのかによっても、仕事の中身は変わってくるでしょう。

いずれにしても、企画職にはクリエイティブで華やかなイメージがあり、テレビドラマなどで、ヒロインが上司から「この企画、オマエに任せた」と言われてがんばるシーンが、よく放映されています。

企画の仕事にやりがいがあるのは事実です。

ただし、実際の現場では泥臭い場面も少なくないことは、すでに企画の仕事に携わっている方なら、どなたでも身に染みてわかっているはず。

特に「企画を通すこと」「企画を実現させること」は、簡単なことではありません。苦労して作り上げた企画が、上司から秒殺でダメ出しされるなんて日常茶飯事。何のアイデアも浮かばず、締め切りの日が刻々と近づいてきて逃げ出したくなることだってあるはずです。

そんな人に少しでも役立てるような本が書けないだろうか。そう考えて、2014年6月に上梓したのが、『企画は、ひと言。』(日本能率協会マネジメントセンター)という本でした。

本書はそれを改訂、文庫化したものです。

おかげさまで『企画は、ひと言。』は、都内の様々な書店でビジネス書の売上ランキング1位となり、Amazonの「ビジネス企画」カテゴリーにおいても、ベストセラー1位となりました。

あれから6年。当時と比べ、あらゆるものがものすごいスピードでコモディティ化するようになったビジネスの世界では、新たな企画が求められるシーンも格段に増加しています。そこで今回、前著をベースに新たな「企画を通すための、ヒット企画をつくるための本」を出版することになりました。

企画とは、あなたが実現させたいこと。やってみたいことです。やってみたいことを実現させたいと願うのは、何も企画職に携わる人だけに限りません。

本編で詳しく述べますが、誰かを笑顔にすることだって、立派な企画なのです。あなたが、誰かを笑顔にすること。この本がその実現に少しでも役立つなら、これほどうれしいことはありません。

初めてお読みになる方はもちろん、前著をお読みいただいた方も、どうか最後までお付き合いください。

２０２０年　夏

放送作家　石田章洋

はじめに

アイデアを実現する、たったひとつのコツ

ダメ企画マンが30年間、放送作家を続けられた理由

「なぜワタシの企画は通らないのだろう」

「どうしてオレのアイデアは理解されないんだ？」


そのような声をよく聞きます。

なかには、

「そもそも、企画のアイデアが浮かばない！」

と嘆く人がいるかもしれません。

企画とは、あなたのアイデアで人を動かすこと。

もしかしたら、自分には企画力がない、つまり人を動かすセンスがないのだ、なんて自分自身で思い込んではいませんか？

わかります。

なぜなら私自身がそうだったのですから。

私はテレビ番組の放送作家を30年以上やってきましたが、駆け出しのころは企画を作ることがとにかく苦手でした。

放送作家の仕事は、番組の構成、ナレーション原稿書きなど多岐にわたりますが、なかでも重要なのが「企画立案」です。

新番組の企画を考えることはもちろんですが、レギュラー番組でも新陳代謝を促すため新しいコーナー企画が求められます。

私が30年以上参加している『世界ふしぎ発見！』のように、毎回異なるテーマを扱う番組では、毎日のように企画書が飛びかっている状態です。

そうした中で、自分で企画を通す力がないと、台本を書かせてもらえません。つまり仕事にならないのです。

ところが、私が若手放送作家だったころは、どんな企画を立ててもまったく通らない状態が続いていました。

「これは新しいアイデアだ！」と意気込んで提出した企画は、「こんなのできっこないだろ」と冷たく見放されてしまう。逆に「これなら実現しそうだぞ！」と考えた企画は、「こんなの他でもやっているだろう」とあきれられてしまう……。

そんなループを繰り返すうちに、企画を考えることが嫌になってしまいました。

それでも企画会議の日はやってきます。

ある日、赤坂のテレビ局で行われる企画会議に出席するため、東京メトロ（当時は営団地下鉄）千代田線に乗っていました。

ところが、赤坂駅のホームに降りることができません。企画にダメ出しされるのが怖くて足が動かなくなったのです。その電車は小田急線と相互乗り入れしていたので、結局、終点である神奈川県の本厚木駅まで行ってしまいました。
無断で企画会議を休んだのですから、もう二度と呼ばれることはありません。

企画が苦手な放送作家なんて、先端恐怖症で包丁が握れない料理人みたいなもの、もはや商売になりません。この先、どうやって生きていこう……。
駅を出た私は、本厚木駅のキオスクで買ったアルバイト情報誌を手に駅前の立ち食いそば屋さんに入りました。朝から何も食べていなかったのにもかかわらず、そばが一本も喉を通りませんでした――。今も、その時の情けない気持ちを覚えています。

結局、私は転職ではなく、企画恐怖症を克服する道を選びました。当時、新しい家族も増えていたからです。
それに企画は苦手でも、台本を書くのは大好きでした。好きなことで生きていくためには、企画力をつけるしかなかったのです。

以来、なけなしの貯金をはたいて、古今東西のあらゆる企画立案や発想術に関する本を購入しては読みました。

読書の他には、脳にアルファ波を発生させて発想を豊かなものにすると謳う、怪しげなヘッドギアも買いました。

「真っ暗な部屋で瞑想すれば潜在意識からアイデアが湧き出る」と聞けば、実行しました。それでも何も浮かばなければ、壁に後頭部を打ちつけたりもしました。

そんなある日のこと、名だたるクリエイターの方々が書いた、十数冊にも及ぶ企画術の本に「ある共通のこと」が書かれていることに気がついたのです。

「それ」は決して、大きく書かれているわけでも、詳しく説明されているわけでもありません。ですが、実績を残しているクリエイターの本には、ほんの2、3行ほどでも、必ず「そのこと」が書かれていました。

「そのこと」について考え、実践してみるようになると、驚くことが起き始めました。それまで通らなかった企画が、面白いように通るようになったのです。

やがて、自分の通した企画の台本を書かせてもらえるようになり、その番組が高視聴率を獲得するようになりました。構成台本を担当した番組が、国内外の賞を受賞したり、新番組の立ち上げに加えてもらうことも増えていきました。

気がつけば30年以上、大好きな仕事を続けることができています。

すべては企画を実現するための、たったひとつのコツをつかんだおかげです。

アイデアを生み出し、実現させるたったひとつのコツ

本書は、私がつかんだ「たったひとつのコツ」について書いたものです。

そのコツをひと言で言いましょう。

それは「ひと言で見える」企画を作ること。

これまでヒットした企画はすべて「ひと言で見える」ものでした。

私はこれまで、新番組の企画はもちろん、レギュラー番組のコーナー企画まで、さまざまな企画を通してきましたが、それらはすべて「見えるひと言」を使って実現させたものなのです。

「ひと言企画」の恐るべきパワーを体感したときのことをご紹介します。

約25年前、フジテレビ系で放送された『英会話体操 ZUIIKIN' ENGLISH』という番組を企画したときのことです。

"Lets! ZUIIKIN' ENGLISH" というタイトルコールで始まる『英会話体操 ZUIIKIN' ENGLISH』は英会話と体操を融合させた〝画期的教育番組〟です。すでに放送は終わりましたが、今でもYouTubeにアップされ、「英会話を題材にしたシュールな番組」として、インターネット上で話題になります。

この番組は「これまでにない知育番組を深夜にやりたい!」という企画募集に対し、私が提出した企画ですが、会議が始まってわずか30秒で採用が決まりました。

その時、私が提出した企画書に書いたのも、たった「ひと言」の企画だったのです。

この番組がオンエアされると、たちまち話題を呼び、週刊誌の取材を受けるまでになりました。

この番組の評判は、なんと海を渡り、『アンダーソン・クーパー360°』というアメリカCNNのニュース番組でも紹介されたそうです。

もっとも「くだらなくて笑っちゃう日本のソフト」というニュアンスだったようですが、それがこの企画の狙いでした。私たちの世界で「くだらない」は最高のほめ言葉のひとつなのです。
世界的な話題を呼んだ（笑）、そんな番組が始まったきっかけ、それがたったひと言だったのです。

以来、私はいつも「ひと言」で企画を通してきました。

書籍も何冊か書くようになりましたが、出版の世界でも同じです。ひと言で言える企画は、すんなり会議を通るのです。中には企画書も作らず、口頭で「ひと言プレゼン」しただけで通った企画も少なくありません。

マスコミの世界だけではありません。
商品開発企画や営業企画といったビジネスの現場に必要とされる企画も、「ひと言」で実現するようになります。

いつも分厚い企画書を苦労して作っているあなたは、「そんなことが可能なのか？」と思われるかもしれません。でも、企画はむしろ「ひと言」だからこそ実現し、ヒットするのです。

その「ひと言」が世界を変える！

「ひと言」で企画を実現させた最高の例をご紹介しましょう。それこそアップルの創業者スティーブ・ジョブズが世に送りだした「iPod」です。

これもたったひと言の企画から生まれたもの。iPodを生んだひと言は、この言葉です。

「1000曲をポケットに」

あなたが女性ならば、いまウェストをコルセットでギュウギュウに絞ってはいないはずです。それは孤児院で育ち、おそらく史上初の女性起業家となったひとりの女性の「ひと言」のおかげです。

女性の名はココ・シャネル。19世紀の女性のファッションをすべて葬り去ったことから、〝皆殺しの天使〟と呼ばれました。彼女はこの「ひと言」で、女性の服に革命を起こしたのです。

「着飾るためでなく、生きて働くための服」

ココ・シャネルは、この「ひと言」で当時、上流級の女性たちのドレス・スタイルには欠かせないアイテムだったコルセットから女性を解放しただけでなく、働く女性たちのためのモードを作ることで、女性を社会進出に導きました。

つまり、たったひと言で世界を変えてしまったのです。

あなたが考えた企画も、もしかしたら世界を変えるものかもしれません。なにもココ・シャネルのように、全世界に革命を起こさなくてもかまいません。

今よりも暮らしがちょっとだけ便利になる。
今よりも少しだけ笑顔の人が増える。
今よりも仕事がちょっとだけ楽しくなる。

今よりも少しだけ困っている人が世の中からいなくなる。

「カップラーメンの液体スープの小袋が開けやすくなった」でも、「ボールペンがよりなめらかに書きやすくなった」でも、「思わず人が笑顔になる笑えるグッズを作った」でもなんでもいい。ちょっとだけのことかもしれないけど、世界がよくなる。あなたが考えた企画にはそんな要素が必ずあるはずです。

有史以来、世界はそうした一人ひとりのアイデアで、ちょっとずつよくなってきたのだろうし、これからもそうなっていくのでしょう。

「企画を実現する」こと、それは世の中を少しでもよくしようとしてきた人類の歴史に参加することです。そして、あなたの企画で世界はまた、ちょっとだけかもしれませんが進化するのです。

目次

第1章

ウケる企画は、みんな「ひと言」

ヒット企画には共通点がある

あのメガヒット企画を「ひと言」で言うと……

お掃除ロボット「ルンバ」をひと言で言うと、こうなります。

「任せられる掃除機」

欅坂46はどうですか?

「笑わないアイドル」

こすると消えるパイロットのボールペン「フリクション」は、

「消せるボールペン」

ベストセラーになった「うんこ漢字ドリル」は、

「子どもが楽しみながら学べる漢字ドリル」

フリマアプリとして定着した「メルカリ」は、

「不要品をスマホで出品できるアプリ」

そんなこと「言われなくてもわかっている」と返ってきそうですが、そこまで浸透しているのは、これらがヒットしたものだから。

そして、これらのヒットに共通するのは、どれも**「ひと言で言える」**ことです。

広く世に知られるようになった結果として「ひと言で言える」ようになったわけではありません。

こうしたヒット企画はそれが世に出る前、企画段階からすでに「ひと言で言える」、正確に言えば「ひと言で見える＝イメージできる」ものでした。

「ルンバ」や「欅坂46」などのメガヒットでなくても同じです。

ちょっとした課題の解決策から、プライベートで何かやろうとするときのひらめきまで、**優れたアイデアは、かならずひと言で言えます。**

課題をめぐって「ああでもない、こうでもない」と迷走している会議の席でも、いいアイデアならば、「それってこうしたらいいんじゃない」のひと言で、多くの人を納得させます。

プライベートで恋愛相談する時も「なるほど！」と共感できるのは、さりげないひと言ではないですか？

あなたの身近にあるヒット商品から、いい恋愛をするためのアドバイスまで、**「ひと言」で言えるものが人を動かすのです。**

あのヒット番組も「ひと言」で始まった！

『世界ふしぎ発見！』を生んだひと言

私が約30年間、構成を担当してきたＴＢＳテレビの『日立 世界ふしぎ発見！』。この番組が始まる前の企画書に書かれていたのは、

「あなたもインディ・ジョーンズになってみませんか？」

という素敵なキャッチコピーでした。

しかし、それ以前、この企画そのものを通すときに番組の特徴を伝えたひと言は、こちらでした。

「各国の文化を育んだ歴史をテーマにしたクイズ番組」

また、私が番組開始から関わった、テレビ東京の『TVチャンピオン』という番組の企画書のコピーは、こうでした。

「誰でも一番になれる！」

一方、この企画を通すときのひと言は、

「あらゆるジャンルの日本一を決める番組」

でした。

「キャッチコピー」と、企画を実現する「ひと言」。このふたつの違いがなんとなくおわかりいただけるでしょうか？

「あなたもインディ・ジョーンズになってみませんか？」は、テレビの前にいながらインディ・ジョーンズのように世界各地を冒険できる、という想いがこもったコピーですが、「で、一体どんなことをする番組なの？」と思う方もいるかもしれません。

一方、「世界の歴史や文化をテーマにしたクイズ番組」であれば、どんな番組なのか、なんとなく想像がつくもの。番組をご覧になったことがある方は、「言われてみれば確かにそうだ」と納得いただけると思います。

どんなに素晴らしい企画も、周りに理解されなければ通りませんし、そもそも実現しなければヒットすることもありません。

このように、「ひと言」で言える企画は、そのひと言だけで「中身が見える」。だから、実現し、ヒットするのです。

「フジテレビらしい朝から元気な番組」

月〜金曜日の朝に放送されている、フジテレビ系の『めざましテレビ』は、みなさんも一度はご覧になったことがあるでしょう。

1994年に始まった『めざましテレビ』は、今やフジテレビ系の朝の顔ともいえる番組。私はこの番組がスタートする半年前、つまり企画段階から参加しています。

『めざましテレビ』は、当時まだNHKに在籍していた大塚範一アナウンサーを極秘で起用するため、企画当初は、私たちスタッフにすら司会者の名前が明かされていませんでした（「ミスターXが司会」とされていました）。

そんななか、番組を立ち上げるための会議でスタッフに配られた企画書に書かれていたのは、この言葉。

「見るラジオ　聴くテレビ」

私をはじめ、その誰もが、正直にいってこの言葉にピンときませんでした。

司会者が誰なのか明かされず、しかも「見るラジオ　聴くテレビ」と言われても、手触り感がまったくないのです。

この視界ゼロ状態のなかで、総合プロデューサーが言ったひと言は、

「とにかく、フジテレビらしい朝から元気な番組」

これがきっかけとなって、「朝から温泉生中継はどう？」「星座占いをカウントダウンでやってみたら」など、いろんなアイデアが次々飛び出してきたのです。

総合プロデューサーの「フジテレビらしい朝から元気な番組」というひと言は、「朝の情報番組だからあまり尖ったことをやってもどうか」といった、型にはまったスタッフの考えを、見事に吹き飛ばしてしまったのです。

当時のフジテレビは「面白くなければテレビじゃない」がスローガン。次々飛び出してきた企画は、このスローガンをカタチにするものばかりでした。

このひと言は、当時、同時間帯の視聴率1位を独走していた日本テレビ系『ズームイン!!朝！』と徹底的な差別化を図るためには、なんでもやっていいということに気づかせる、まさしく「見えるひと言」だったのです。

企画会議開始から30秒で決まった『英会話体操』

「はじめに」でも紹介したフジテレビ系『英会話体操』。

これは「トントン」というテレビ番組制作会社から「これまでにない新しい知育番組を考えてもらいたい」というリクエストを受けて考えたものです。

企画会議には若手の放送作家やディレクターが何人も集められました。

そのとき私が提出したのはＡ４用紙に、サインペンで走り書きした、このひと言。

「筋肉に英語を覚えさせよう！『英会話体操』」

まさに、たったひと言の企画書でした。

提出された十数通の企画書をパラパラとめくっていた制作会社のプロデューサーが「プッ」と吹き出し「いいじゃない、これで行こう！」といったのが私の企画でした。

それは会議が始まってからおよそ30秒後のこと。

この時、私はまだプレゼンすらしていなかったのです。

まずは、その英語のフレーズを使うようなシチュエーションの寸劇があり、その会話が出てくるところで映像がストップ。突然、レオタード姿の3人の女性が登場し、英語のフレーズを口ずさみながらテンポにあわせた体操を繰り返し、筋肉に英会話を覚えさせる。そんな『英会話体操 ZUIIKIN'ENGLISH』は、そのひと言から始まりました。

ちなみにZUIIKINとは「随意筋＝自分の意志によって動かすことのできる筋肉」のこと。体操で使う筋肉はみな随意筋です。

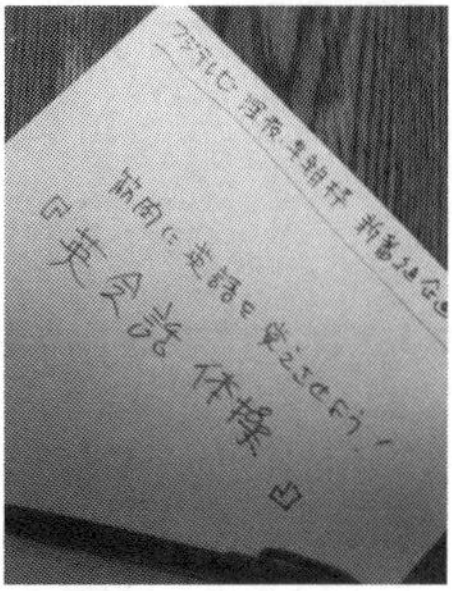

英会話は覚えたくても、なかなか続かないもの。それなら体操をしながら楽しく覚えればいいのではないかと考えたことが発想の原点。

いっそのこと、その英語のフレーズをいいそうな時に使う筋肉を鍛える体操をしながら、「筋肉に英語を覚えさせよう！」を番組コンセプトにしようと考えたのです。

ハリウッド映画の企画も「ひと言」で決まる！

「ワンライン」が数十億円を動かす

驚くことに、テレビ番組や邦画などとは桁違いの予算（平均で約6000万ドル＝約60億円）が投入されるハリウッド映画の世界でも、企画はひと言で決まります。Amazon脚本術部門で全米一の売上を記録した『SAVE THE CATの法則』（フィルムアート社）を書いたブレイク・スナイダーがそれを端的に表しています。

私はこれまでに数多くの脚本家と仕事をしてきたが、プロでも素人でも、脚本を売りたいと言ってきた時には、ストーリーを聞く前にまずこの質問をする。

「一行《ワンライン》でいうとどんな映画?」

不思議なことに、脚本家というのは脚本を書き終えたあとでこれをかんがえることが多い。お気に入りのシーンに惚れ込んだり、『2001年宇宙の旅』のモチーフを取り入れるのに夢中になったり、ディテールにこだわりすぎたりして単純だが肝心なことを忘れてしまう。

つまり、どんな映画なのかひと言で説明できないのである。10分以内でストーリーの核心部を説明できないのである。いやあ、まずいよ、それは! そうなると、私はもう話を聞きたくなくなる。

この「一行《ワンライン》」が本書でいう「見えるひと言」。

何十億円を投入するハリウッド映画でも、こうしたひと言から人とカネが動き始めます。むしろ「ひと言」で言えないものに、それだけのお金を投資することはないのです。

テレビや映画の世界だけではありません。商品企画であろうと営業企画であろうとイベント企画であろうと、「その企画、ひと言で言うとなに？」という質問に答えられないものは、ヒットどころか実現すらしないのです。

いかがでしょうか。まさに「企画は、ひと言」なのです。

読者の方の中には「でも、短い言葉ですべてをわからせるなんて難しいのではないか」と思われた方もいるかもしれません。ですが、続きをお読みいただければ、「ひと言」で企画を実現させることは、それほどハードルの高いことではないとわかっていただけるはずです。

センスがなくても「ひと言」はつくれる

「見えるひと言」は、おしゃれなキャッチコピーではない

　ここまで読んで、「ひと言」には、コピーライターみたいな「言葉のセンス」が必要なのではないか、と思った人もいるかもしれません。

「私にはセンスがないからムリ」……そんな声も聞こえてきそうですが、そんな心配はご無用。「見えるひと言」にセンスは不要です。

　だから自信をもって読み進めてください。

「ひと言」というと、おしゃれな「キャッチコピー」と混同する人がいます。

　キャッチコピーにも、企業や商品などのイメージを伝える「イメージコピー（「ココロも満タンに」「お口の恋人」など）」と、読んだ人に購買を促す「セールスコピー

（「今なら全品半額」「買わなきゃ損」など）」の2種類がありますが、ここまで挙げた例からもわかるように、それらのキャッチコピーとは区別して考えてください。

ところで、ここで問題です。

以下のキャッチコピーで宣伝された企業名・商品名はわかるでしょうか？　かなり昔に流行った名コピーですので、ある程度の年齢以上の方には簡単かもしれませんが、意外と忘れていたりしますよ。

❶「おいしい生活」
❷「想像力と数百円」
❸「おしりだって洗ってほしい」
❹「男は黙って××××××」
❺「モーレツからビューティフルへ」
❻「触ってごらん、ウールだよ」
❼「好きだから、あげる」
❽「なにも足さない。なにも引かない。」

❾「恋は遠い日の花火ではない」

❿「すこし愛して、なが〜く愛して」

これらは『日本のコピー　ベスト500』（宣伝会議）でベスト10に選ばれた名作中の名作ばかり。あなたは10のコピーのうち何個、商品や広告主を当てることができたでしょうか。

正解は……

❶「おいしい生活」……西武百貨店（1982年）

❷「想像力と数百円」……新潮社・新潮文庫（1984年）

❸「おしりだって洗ってほしい」……東陶機器・ウォシュレット（1982年）

❹「男は黙ってサッポロビール」……サッポロビール（1970年）

❺「モーレツからビューティフルへ」……富士ゼロックス（1970年）

❻「触ってごらん、ウールだよ」……国際羊毛事務局（1975年）

❼「好きだから、あげる」……丸井（1980年）

❽「なにも足さない。なにも引かない。」
……サントリー・ピュアモルトウイスキー山崎（1992年）
❾「恋は遠い日の花火ではない」……サントリー・オールド（1996年）
❿「すこし愛して、なが〜く愛して」……サントリー・レッド（1982年）

すべて正解できた人は広告業界の方か、よほどのキャッチコピー通です。
私などは「モーレツからビューティフルへ」を、小川ローザのミニスカートがまくりあがり、「Oh! モーレツ」と叫ぶCM（丸善石油・1969年）と勘違いしました。

このようにキャッチコピーというのは直接、クライアントや商品、企画内容とは結びつかないケースが目立ちます。

一方、この本でいう企画を通すための「ひと言」は、そのひと言で中身が見えるフレーズのこと。こうしたおしゃれなキャッチコピーとは、まったくの別モノなのです。

すべては「ひと言」から生まれる

企画とは頭に浮かんだアイデアを言語化したもの。

当初頭の中でモヤモヤとしていたアイデアを、端的な言葉で表したものが、企画を実現するための「ひと言」です。

つまり企画を採用する人や企画に関わる人が「見えること」、これが第一条件なのです（この「ひと言」を「コンセプト」と呼んでもいいのですが、「コンセプト」という言葉には様々な解釈があるため、当書では「ひと言」あるいは「見えるひと言」と表現しています）。

その「ひと言」をさらに抽象化した上で、消費者の共感を得られるようにイメージ化したものがキャッチコピーです。

ふつう、私たち消費者が目にする「ひと言」はキャッチコピーのほうです。

「見えるひと言」は、企画したものが世に出る前、私たちが知らないところでひそかに新しい何かを世に送り出すために活躍している言葉です。

「ひと言」は企画が実現すると姿を消してしまうので、その存在は、企画でごはんを食べている人以外には、ほとんど知られることはありません。

でも、企画が通るか否かを決めるのは、多くはキャッチコピー以前のひと言。「ひと言」からすべてが始まるのです。

たとえば、糸井重里さんが作った伝説的な名コピーで『日本のコピー　ベスト500』でも堂々の第1位に選ばれた「おいしい生活」。

このコピー、私の世代なら「西武百貨店」のものとすぐにわかります。

ただ、いまの20代・30代のみなさんの多くは、なんの広告のコピーかわからないかもしれません。

「おいしい生活」という名コピーが生まれたのは、まだ多くの百貨店が高級感を売りものに伝統的な商売を続けていた80年代のこと。

「おいしい生活」は、そんな時代に「モノを売る」だけでなく「生活の提案をする」デパートがあってもよいのではないかという発想のもと「文化の発信者」であることをアピールするための企業コンセプトとして生み出されたものです。

「おいしい生活」という、見事にブラッシュアップされたステキな言葉になる一歩手前の「ひと言」はこれでした。

「モノを売るデパートから生活の提案をするデパートへ」

企画を通すためのひと言とは、キャッチコピーやコンセプトになる一歩手前のもの、わかりやすくいえば、ダイヤモンドの原石。やがてハリウッドで磨きあげられて洗練され、押しも押されもせぬ世界的大女優になるのだけれど、少女時代は赤毛で天然パーマ、そばかすだらけの田舎娘だった頃のキャメロン・ディアスのようなものと言えるかもしれません。

「おいしい生活」という言葉は確かに名コピーです。

ただし企画を通すためには、その実現に関わる人たちの心を「この企画をやってみたい」と駆り立て、実際に動かさなければなりません。

そのためにはどんな企画なのか、関わる人がしっかりイメージできることが大事。

だからこそ「ベタ」でかまわない。むしろ「ベタ」なほうがわかりやすくてよいのです。

キャッチコピーと「企画を通すひと言」の違いを表す例として、もうひとつ、「ニンテンドー スイッチ」の「ひと言」を紹介しておきましょう。

ニンテンドースイッチは、任天堂より2017年3月に発売された家庭用ゲームで、世界中で約5000万台が売れた大ヒット商品です。あまりの人気に発売直後には品薄状態が続き、転売騒動が起きるなど社会現象ともなりました。

最大の特徴は、従来の据え置き機のようにテレビ画面に接続して楽しめるだけでなく、タブレット端末と「Joy-Con（ジョイコン）」と呼ばれる2つのコントローラーを持ち出すことで携帯ゲーム機としても楽しめるところでした。

そのキャッチコピーは、これでした。

「いつでも、どこでも、誰とでも。」

まさにニンテンドースイッチの特徴を端的に言い表した上手なコピーです。

しかし、当初開発チームが目指していたのは、このひと言です。

「持ち運びのできる据え置き機」

このきわめてベタなひと言が、大ヒットゲーム、「ニンテンドースイッチ」を世に送り出す原動力となりました。

ニンテンドースイッチの開発が始まった当時は、「パズル&ドラゴンズ（パズドラ）」や「モンスターストライク（モンスト）」といったスマホゲームの全盛期。ニンテンドーDSやソニーのPSPといった家庭用の携帯ゲーム機はすっかりスマホゲームに押されてしまっている時代でした。

その一方で「スマホゲームでは据え置き機で楽しめるようなゲーム本来の面白さが味わえない」といったゲーム愛好家からの不満の声もありました。

そこで家庭用ゲーム機としてテレビにつなぐことができて、外でも遊べるゲームができないかと考えて、ニンテンドースイッチの開発はスタートしました。

このとき、開発に携わるすべての人たちを動かしたのが「持ち運びのできる据え置き機」という「ひと言」。それは開発チームをひとつにまとめた「合言葉」と言ってもいいものかもしれません。

粉末、液体に続く、第3の衣料用洗剤として、今やすっかりおなじみの「ジェルボール型洗剤」も「ひと言」を合言葉に日本で人気を呼んだものです。

ご存じのように、ジェルボール型洗剤は、洗濯1回分ずつの洗剤を水に溶ける特殊なフィルムで密封したもので、一粒つまんで洗濯機に入れるだけ。粉末や液体洗剤のように、いちいちキャップで計量する必要がないという手軽さが受け、これまでに本体と詰め替え用を合わせた総売り上げ数は、1億個を突破しました。

その先駆けとして2014年に発売された、P&G社「アリエール」のキャッチコピーは、こうでした。

「一度使えば、もう戻れない。」

もともとジェルボール型洗剤は、2001年頃からヨーロッパで発売されていたものでした。しかし、お湯を使ってゆっくり洗濯する海外と異なり、日本の消費者は冷たい水を使い短時間で洗濯をします。
日本と欧米では洗濯環境が大きく異なるため、従来の海外の製品ではフィルムが溶けず、製品が十分に機能しなかったと言います。
そこで日本の開発チームは――

「日本の過酷な消費環境でも認められるジェルボール型洗剤」

これを合言葉に、欧米向けだったジェルボール型洗剤を改良。結果として、日本以外のどんな国や地域でもグローバルに展開できるクオリティを持った製品ができあがったそうです。

また、10年ほど前に大ブレイクした北海道の「旭山動物園」。ガラス越しにシロクマを間近に見ることができる「ほっきょくぐま館」やペンギンが空を飛んでいるかのように見える展示が話題を呼んだ、この動物園の園長だった坂東元さんが掲げていたコンセプトは、

「伝えるのは　いのちの輝き」

しかし、動物本来の生態を引き出すユニークな動物の見せ方というコンセプトは、

「形態展示から、生態展示・行動展示へ」

このひと言から生まれたものでした。

それまでの動物園は動かないで寝てばかりいる生き物を見せていました（＝形態展示）。かつての旭山動物園も同じ、それではお客さんが入らないので観覧車やジェットコースターを設置して、なんとか集客しようとがんばっていました。

それでも客が入らない。

採算がとれないため旭川市から閉鎖を言い渡されたとき、旭山動物園は原点に回帰します。「〝動くものと書いて動物〟なのだから行動を見せることでその生態を見せよう（＝生態展示・行動展示）」。そう考えプロジェクトをスタートさせたのです。

「形態展示から、生態展示・行動展示へ」と言っても動物園関係者以外にはわかりにくいかもしれません。

しかし、プロジェクトを進めていく関係者はみな専門家ですから何を目指すのかがとてもよく見えます。企画を通す段階では、お客さんよりも企画の実現に動く人に見えることが大事。むしろ、最初から「伝えるのはいのちの輝き」と言っていたら関係者の中にはピンと来ない人もいたはずです。

このように、企画を通す段階では、顧客よりもむしろ、企画の実現のために動く人にとって見えるものであることが大事なのです。

「ひと言で表せ」と言われると、センスのある人ほど、キャッチコピー的なものにしてしまいがちですが、くれぐれもコピーライターが考える、おしゃれなイメージコピーのようにならないようにしてください。

企画は5つのSでうまくいく

なぜ企画は「ひと言」でうまくいくのか？

「見えるひと言」がある企画は、うまくいきます。

ではなぜ、さまざまな要素が長々とした説明とともに書かれた企画よりも、たった「ひと言」で説明することのできる企画のほうがうまくいくのでしょうか。

それは「5つのS」で表される「ひと言」ならではの〝強み〟があるからです。

5つのSとは

❶ショート（Short）

❷ サプライズ（Surprise）
❸ 見える（See）
❹ シェア（Share）
❺ スマイル（Smile）

です。なぜ、この5Sなのか、それぞれを解説していきましょう。

❶ ショート（Short）だから通る！

言葉は短ければ短いほど強くなる

まずは「Short」。

「ひと言」なのですから、短くて当たり前。言葉で話すなら10秒以下、文字にするならば30字以内にまとめないと、「Short」とはいえません。

なぜ「短い」ほどよいのでしょうか？

それは、言葉は、短ければ短いほど「強く」なるからです。

書店によくある「名言集」を読んでみてください。どれも3行以内です。

それなのに心に響くのはなぜでしょうか？

それは短いから。たとえば……


「できると思ってもできないと思ってもどちらも正しい」


これは、自動車王ヘンリー・フォードの名言で、私の好きな言葉のひとつです。

これを、

「最初からできないと考えていたら、それは失敗します。できると考えていた人がことを成し遂げるのです。できないと考えていても、できると考えていても結果はその通りになる。つまり最初にどう考えたとしてもそれは正しかったということになります」

と、長々と話していたらどうでしょう。

「できると思ってもできないと思ってもどちらも正しい」と短く言い切った場合と比

べてみてください。どちらがあなたの心に刺さるでしょう。

多くの意味を込めた思いを短く言い切るからこそ、言葉は強くなるのです。パワーを持つと言ってもいい。

「お前はもう死んでいる」「月に代わってお仕置きよ！」「この印籠が目に入らぬか」など、漫画やドラマの決めゼリフも短いひと言だから決まります。男女関係で言えば口説き文句だって、短いひと言のほうが相手の心に刺さりますよね。

短くてシンプルだから刺さる

「寸鉄人を刺す」と言われます。アイデアが凝縮した、研ぎ澄まされたひと言は、磨き抜かれた切れ味のよいナイフのようなもの。だから光っている、だからこそ相手の心に深く刺さるのです。

短く表すためには、シンプルでなくてはなりません。ひと言で答えられない企画は「シンプルな軸」がない。そのため、ついあれもこれも詰め込んでしまいます。

たとえばグルメ番組企画。「タレント3人が食べ歩く」というのでは、企画とはいえません。そこで「食べた料理の勘定を誰かひとりが払う」などとゲーム性を加えてみます。

さすがにそれでは『ぐるぐるナインティナイン』の人気コーナー「ゴチになります！」のパクリになってしまうので、「大食いタレントを仕込んで……」といったふうに、いろんな要素を積み重ねていくケースがよくあります。

軸がないところにあれこれ加えていくものだから、旅番組なのか罰ゲーム番組なのか、大食い番組なのか、わからなくなってしまいます。

こうした頭が3つある、キングギドラのような複雑な企画は、ひと言で説明できません。ですから企画会議を通ることはまずないでしょう。

この番組はこれが売りだ！　短くそう言い切れる「シンプルな軸」がある番組は、その軸を短くひと言で言えるから、必ず企画会議を通ります。

まず「シンプルな強い軸」を考えること。それがなければ「企画」とは言えない。ひと言で言い切れる軸があることは、そのくらい重要です。

よいアイデアは、複雑な要素を含んでいても、驚くほどシンプルに集約できます。

だからこそ短いひと言に統合されるのです。

それがよいアイデアであれば、ひと言で言えないはずがありません。逆に言えばシンプルな「ひと言」が作れないアイデアは、まだまだ煮詰まっていないということなのです。

企画はあなたを離れて、ひとりで歩かなければならない

もうひとつ、企画は短く、シンプルでなければならない決定的な理由があります。企画はやがてあなたのもとから旅立ち、ひとりで歩き始めるからです。

テレビの世界なら、制作会社のプロデューサーがその企画を気に入ったとしても、テレビ局のプロデューサーがOKしなければ、実現しません。さらに企画は編成局にも提出され、そこをクリアしてようやくGOサインが出ます。

一般の会社でも同じです。あなたが見事なプレゼンテーションを行い、直属の上司が企画を通したとしても、次はその上司が上層部に判断を仰ぐことになります。

しかし、あなたの見事なプレゼンに納得した上司が、あなたと同じように上層部を説得できるという保証はどこにもありません。

決定権を持つ上層部に「結局、これはどういう企画なのか?」と聞かれて、あなたの上司が「ひと言」で答えられなかったら、その企画は実現しない可能性が大と考えていなければなりません。

だからこそ、企画の提出者が直接プレゼンしなくても伝わる、短くてシンプルなひと言が必要なのです。

❷ サプライズ(Surprise)があるから通る!

「驚き」がなければ企画ではない

これも当然と言えば当然のこと。サプライズがない企画は、企画とは呼べません。

たとえば今、「タレントにどっきりを仕掛ける番組をやってみませんか。きっと面白いですよ！」と提案しても、相手にしてもらえません。単にどっきりだけでは散々やり尽くされていて、サプライズがないからです。

もしやるなら、例えば「人を笑顔や幸せにするどっきりにトコトンこだわる」といったように、『モニタリング』や『芸能人が本気で考えた！ドッキリGP』のような先行番組にはない、プラスαがなければ企画になりません。

サプライズとは、いい意味で相手の予想を裏切ることです。

「これは今までになかった！」
「そう来たか！」
「なるほど、これは新しいね！」

こうした予想の裏切り＝驚きがあるからこそ、「やってみたい！」と周囲を巻き込むことができるのです。

「企画力とは人を動かすこと」と述べましたが、人を行動に駆り立てるだけのサプライズやインパクトがなければ、人もカネも動かすことはできません。

サプライズのある企画は、冒険の旅への誘いのように人をワクワクさせます。

ジェノバ生まれの海賊、クリストファー・コロンブスが１４８６年に「はるか大西洋の先にある、まだ見ぬ新大陸を探したい」とスペイン女王イザベル一世に提案し、資金の援助を依頼したのも、人類史を変える「尖った企画」でした。

「カナリア諸島の先にある新大陸を発見し、女王に捧げます」

そうプレゼンしたコロンブスの企画は、イザベル女王にとってはサプライズ企画となって、女王に多大な資金の提供を決意させました。つまり企画を通したわけです。その成功のカギは、イザベル女王の心をワクワクさせる、コロンブスのひと言に秘められたサプライズでした。ヨーロッパ人のアメリカ大陸進出の功罪はさておき、そのひと言から世界の新たな歴史が始まったのです。

あなたも誕生日や記念日に、恋人や友人にサプライズパーティやプレゼントをされたりもらったりした経験があることでしょう。

人はサプライズが大好きな生き物です。

いきなり音楽が流れて突然周囲の人が踊り出すといった〝フラッシュモブ〟のような大がかりなサプライズにはひいてしまう人もいます。ちょっとしたサプライズでかまいませんので、企画書を読んだ人の心が動くような要素を「ひと言」に加えれば、通る確率が確実に高まります。

❸ 見える（See）から通る！

いいアイデアは「画」が浮かぶ

あなたの企画を実現に導くのは、「ただのひと言」ではなく、「見えるひと言」です。

「見える」というと誤解されそうですが、企画書に画像データを多用したり、プレゼンにパワポを多用してビジュアルで見せるという意味ではありません。

ひと言で、「相手の頭のスクリーンに映像を浮かべる」、これが「見える」という意味です。

たとえば旭山動物園の「形態展示から行動展示へ」というひと言。これを目にした関係者の脳裏には、ダラッと寝そべったシロクマではなく、水の中を生き生きとした表情で泳ぐ、シロクマの姿が脳裏に浮かんだのではないでしょうか。

勝算が見えれば99％実現する

そしてもうひとつ、優れたひと言からは、まず「企画に求められているもの」が見えなければなりません。

新しい商品が求められているのであれば、それまでにはなかった「新しさ」が見えるひと言が必要です。問題のソリューションが求められているのなら「解決策」が見えるひと言が必要です。ベネフィット（利益・恩恵）が求められているのであれば、「相手のメリット」が見えるひと言です。

また仲間たちとのイベントや、大好きな人とのデート、家族旅行の企画ならば、費用や手間暇を上回る「楽しさ」をイメージさせるひと言になれば、乗り気になってもらえるでしょう。

企画は斬新であれば斬新であるほど通りにくくなりますが、それは「斬新なもの＝まだ、人に知られていないもの」だからです。

したがって、企画採用者にも「見えません」。だから通らないし、実現できないのです。

すでにご紹介した企画、フジテレビ系『英会話体操』は、斬新なのに「見える企画」でした。テレビ体操というベタなフレームに「英会話」を組み合わせたこの企画は、NHKで長年にわたって放送されている『テレビ体操』のパロディ。だから、誰にでも映像が浮かびやすかったのです。

「見える」と言っても、必ずしも映像が見えることを意味しているわけではありません。『英会話体操』の企画で言えば、「これは低予算でできそうだ」とか、「まとめて1カ月分くらい収録できそうだな」など、プロデューサーが頭を悩ませることについて、「大丈夫そうだ」と見える。

あるいは「ちょっとしたお色気もあって深夜枠ならば視聴率を稼げそうだ」と予想できたり、「DVD（当時はビデオ）にして、二度、儲けたろか！」といった、その後の展開までが企画採用者に見えたわけです。

企画が通る絶対条件は「見える」こと

企画の決定権を持つ人は、GOサインを出した瞬間、大きな「責任」を背負うことになります。

企画力とは「人を動かす力」と言い換えることができます。そして、人(とカネ)を動かした責任は企画の提出者ではなく、企画の決定権を持つ人が背負うのです。私たち放送作家は「コケちゃったね」で済みますが(もちろん、次の仕事がなくなる可能性があるというリスクは負います)、企画を採用したプロデューサーは、コケた場合の全責任を負わなければなりません。それはあなたの上司も同じです。

そうしたリスクがある中で、自分が「よくわからないもの」「勝算が見えないもの」には、誰だってGOサインを出せないでしょう。

でも、成り行きが〝見える〟と、大きな責任への不安が、かなりの確率で確信に変わります。だから、安心してGOサインを出せるのです。

❹「シェア（Share）」できるから通る！

任天堂Wiiを生み出したベタな合言葉とは？

プロデューサーのような責任者だけなく、企画の実現に関わることになるスタッフすべてがシェアできる。つまり、全員がその「ひと言」から企画全体をイメージできる。これも「ひと言」がもつ強みです。

先にニンテンドースイッチの「ひと言」を紹介しましたが、その11年前の2006年、任天堂が発売し、やはり大ヒットとなったゲーム機「Wii」の例をご紹介しましょう。

「Wii」の開発チームが最初に作ったひと言は、

「家族全員に触ってもらえるゲーム」

という、きわめてベタなものでした

Ｗｉｉが開発されたのは、ファミコンの発売以来、性能が加速度的に向上し、ゲームが「個」のものになっていた時代のこと。ソニーのプレイステーションやマイクロソフトのＸｂｏｘなどをはじめとした高性能化競争が、ゲームをどんどん「個」のものとしていきました。

そんな中、任天堂があえて高性能化競争から外れ、「家族で遊べるゲーム」の開発を目指したのは、「ゲームが壊した家族の絆をゲームで取り戻したい」という開発チームの思いだったそうです。まさに「ファミリー」コンピュータの原点を目指したものでした。

この時、開発に携わったすべての人たちを動かしたのが、「家族全員に触ってもらえるゲーム」という言葉でした。

このひと言から、責任者は「ゲームファンだけではなく、ゲームから離れてしまったユーザーを取り戻すことができるはずだ」とイメージできます。

ほかにも、技術開発担当者なら、

「ゲームのスペックをあげるのではなく、誰でも使える、やさしいゲーム機をつくるということか。じゃあ〝コントローラー〟より〝リモコン〟でいくか」。

宣伝担当者なら「家族で触るなら、テレビCMは三世代が一緒に楽しそうに遊んでいる感じかな」。

コピーライターなら「これはゲーム機というより家電だな、じゃあ〝Ｗｉｉのある新しい生活〟なんてどうだ」。

と、それぞれの領域でやるべきことが見えてくるでしょう。

このように、「家族全員に触ってもらえるゲーム」のような「ひと言」は、企画に関わるいろんな人たちが、それぞれの分野で「自分の役割は何か」というイメージを想起することができる、つまり、シェアできる力があるのです。

その「ひと言」に人を巻き込む

私が関わった企画で言えば、テレビ東京『ＴＶチャンピオン』の「あらゆるジャンルの日本一を決める番組」というひと言も、関わる人にいろんなイメージを想起させるものだったと思います。

プロデューサーならば、「なんでも日本一ね、アイデアしだいでネタはいくらでもありそうだな」とイメージできます。実は、レギュラー番組でもっとも苦しいのはネタが尽きることなのです。「なんでも日本一」なら、文字通りなんでもあり。ネタは無限だなとイメージでき、不安を払拭できます。

放送作家なら、このひと言を見た瞬間に、「そういえば寿司職人の日本一なんて見てみたいな。鉄道オタクの日本一なんてのもいいかも」というアイデアが、次々と湧いてくるでしょう。

ディレクターならば「日本料理人の日本一なんてどうだ。包丁の技を競うならば〝大根のかつらむき〟を京都・嵐山の橋の上でやってみたら画になるぞ」などと、演出イメージまで頭に浮かんできます。

こうして生まれた番組は、当初の企画からどんどん進化していき、時に視聴率が20％を超える、テレビ東京史上に残る大ヒット番組となりました。

その最大の要因は、スタッフが「あらゆるジャンルの日本一を決める番組」という企画の全体像をシェアできて、それぞれの立場でベストを尽くしたからにほかなりません。

❺人をスマイル（Smile）にするから通る

その企画は人を笑顔にしますか

これについては長々とした説明は不要でしょう、

前述したように、企画とは、少しでもいいから「世界を進化させて、人を笑顔にするもの」です。

企画の「企」は「企《たくら》み」と読みますが、それは決して「悪巧み」といったネガティブな意味ではありません。

企画に巻き込む人を笑顔にして、企画によって実現することで、さらに多くの人を笑顔にすることができる。だからこそ多くの人にやりがいを感じてもらえ、協力してもらうことができ、実現していくのです。

「お金がもうかるから」や「楽して稼げるから」といった理由ではなく、人の笑顔を仕事のやりがいにできると、思わぬ力が生まれたりします。だからこそ人を笑顔にできる企画はうまくいくのです。

激務で知られる看護師さんや保育士さんも、患者さんや子どもたちの笑顔を見た瞬間、すべての苦労を忘れてしまうと言われます。それこそがまさに笑顔のチカラです。

あなたの企画は、人を笑顔にするものでしょうか。そうであれば大丈夫。きっとうまくいきます。その反対に自分だけがもうかったり、人を蹴落としたりする企画は、かならず失敗します。

「あらゆるジャンルの日本一を決める」番組、『TVチャンピオン』も、料理人や職人といった、ふだんはあまりスポットの当たらない仕事をしている人たち、あるいは「大食い」や「手先が器用」「ラーメン通」といった、異能を持つ人々に光を当て笑顔にするために企画されました。

放送当時、電車内で男子高校生が友人と「オレは料理人になる。それでTVチャンピオンに出るんだ」と会話しているのを耳にしたときの喜びは、今も鮮明に覚えています。

当時、スタッフは「料理人に憧れる子どもたちが増えるといいな」「大工さんのかっこよさを多くの人にわかってもらいたい」という思いで番組を作っていました。だからこそ多くの人に協力してもらい、支持されヒット番組となったのではないでしょうか。

では、どうすれば人を笑顔にする企画を立てることができるのか、その方法を第2章から紹介していきます。

コラム みんなが言っている「企画は、ひと言。」

「企画術」についての本を眺めていると、多くの著者が、本のどこかで「企画はひと言であるべき」という文章を書いています。書斎にある本をめくっただけでも、かなりありました。代表的なものを紹介します。

まずはフジテレビで『トリビアの泉』『爆笑レッドカーペット』などを演出・プロデュースしていた吉田正樹さんの言葉です。

いまは「長い企画書は要りません」というのがトレンドです。もっとも伝統的なフォーマットのようなものもありますが（企画内容、背景、現状分析、番組の狙い、というような）いちいち読むのが面倒くさい。「誰が、何を、どうする」で説明しきれない企画は、あまりいい企画といえないのです。（『怒る企画術！』ベスト新書）

30年来の放送作家仲間でテレビ朝日『Qさま!!』やTBSテレビ『ぴったんこカン・カン』などを手がけている樋口卓治さんと、彼が所属する古舘プロジェクトの放送作家たちが書いた『企画術の教科書』（インデックスコミュニケーションズ）にもこんな言葉がありました。

どうすればわかりやすい企画書になるか。まず意識したいのはヒトコトで示せるような企画の骨子を作ること。
「これをやりたい。ここが新しいんです」と、企画の内容をシンプルに伝えることができるかどうか。よい企画書とはかならず簡潔さを備えているもの。
「で、結局、あなたはなにがしたいわけ？」
そんな疑問を持たれないよう、アイデアがはっきり見える企画書を作ること。

博報堂ケトル代表取締役のクリエイティブディレクター、嶋浩一郎さんの書いた『企画力（翔泳社）』には、次の一文があります。

長年、企画の仕事をやっていて、ほぼ真実に近いと思っているのは、「いい企画ほど短く説明できるということ」。そして短く説明できる企画ほど、「本当に効果がある企画」であることが多いのです。

ひと言で説明できる企画は、そのひと言に強いメッセージや効果を秘めている。つまり、イケてる「企画」だと言えるのです。

人気漫画家で『ドラゴン桜』などがドラマ化された三田紀房さんは、『プレゼンの極意はマンガに学べ（講談社）』でこのように述べています。

たとえば企画会議などの席で、上司から「どういう企画なんだ？」と聞かれたとき、あなたは「ひと言」で答えられなければならない。

その企画を通じて、自分はなにを提案したいのか。企画の贅肉を削りに削っていったとき、最後に残るのは誰に向けた、どんなメッセージなのか。それをしっかり考え尽くしていけば、ちゃんと「ひと言」で答えられるはずだ。

クリエイティブディレクターで、バンド『猪苗代湖ズ』のメンバーでもある箭内《やない》道彦さんも、広告代理店に勤めていたころ、

「割り箸の袋の裏に書いてできないプレゼンはダメ」

と先輩に言われたそうです。これもひと言で表現することの重要さを伝える例です。

親しくさせていただいているブランド戦略コンサルタントの江上隆夫さんが、著書『無印良品の「あれ」は決して安くないのになぜ飛ぶように売れるのか？』（ＳＢクリエイティブ）の中で挙げている例は、まさにその最たるもの。これ以上短い「見えるひと言」はおそらく他にない、究極の「見えるひと言」なので最後に紹介します。

私が大好きなコンセプトに明治大学ラグビー部のものがあります。

戦前の１９２９年から96年まで明治大学ラグビー部の監督だった北島忠治さんが残したものです。

「前へ」

わずか2文字。見事なチームコンセプトです。短いがゆえに、そして明解であるがゆえに誰もが一度聞けば理解し、記憶します。コンセプトは、核心をついたものなら短かければ短いほどいい。なぜならコンセプトは記憶に残ってこそ力を発揮するからです。

江上さんのおっしゃる通り、「前へ」は素晴らしい「ひと言」です。ラグビーの試合は脳震盪が起きることもめずらしくないほどハードです。ですが、もうろうとした頭でも「前へ」の二文字ならすぐ思い出して身体を動かすことができるはずです。

いかがでしょう。これだけの名だたるクリエイターたちが「ひと言」で言える大切さを説いています。企画に携わっている多くのクリエイターたちが、ふだんの仕事を通じてプランニングにおける「ひと言」のパワーをいかに重要だと考えているかの証しだと言えるでしょう。

第1章まとめ

企画は「5つのS」でうまくいく

❶ ショート（Short）

- 話すなら10秒以下、文字にするなら30文字以下
- 企画はやがてあなたを離れ、ひとりで歩かなければならない

❷ サプライズ（Surprise）

- いい意味で相手の予想を裏切ろう
- 人の心が動くようなサプライズ

❸ シー（見える）

- その企画は「画」が浮かぶか
- その企画は勝算が見えるか

❹ シェア（Share）

- その「ひと言」に周りを巻き込もう
- 企画に関わる人がシェアできる合言葉をつくる

❺ スマイル（Smile）

- 企画とは人を笑顔にするもの
- 人を笑顔にするからやりがいが出てくる

第2章

ウケるアイデアの5原則

原則1 「トンガリ幻想」は捨てよ

100%新しい企画は未来永劫実現しない

「上は頭が固いんだよ、だからこの企画の新しさがわからないんだ！」

「今までにない新しいことをやろう。面白いアイデアを遠慮しないでどんどん出してほしい」。そう上から言われ、せっかく考えた、斬新でとっておきの企画。そんな企画が通らなかったとき、憤りたくなる気持ちはわかります。

私も20代の若手放送作家だったころ、同世代の仲間と、高円寺あたりの飲み屋で、そんな愚痴をこぼしまくっていたものです。

実際に企画の決定権を持つ人の多くは年長で、斬新な企画には及び腰です。自分の経験にないことなので、判断のしようがないからです。

若い人のような思い切りもありません。積み上げてきたものが多ければ多いほど、失敗したときには失うものが多くなります。これも、斬新な企画に臆病になってしまう理由でしょう。

そんなわけで、今夜もどこかの焼き鳥屋で、若手放送作家やプランナーがつくねでも頬張りながら、企画の採用を決める上司の頭の固さに憤る光景が、繰り広げられているかもしれません。

実際に企画は、斬新であれば斬新であるほど通りにくくなります。なぜなら企画採用者に「見えない」からです。繰り返しになりますが、実現する企画の条件のひとつは、「See」。「見える」ことです。

では見える企画を作るためにはどうするのか。

まずはあなたの中の「トンガリ幻想」を捨てることから始めてください。

トンガリ幻想とは、「これまでになかったまったく新しい企画」をひねりだそうとがんばりすぎること。

考えてもみてください。

「100%新しい企画」は、誰にも見えません。もしかしたら、それを表現する言葉すらないかもしれません。それでは何をどう実現すればよいのか、誰にもわかりません。

そう考えてみると、「100%新しい企画」はむしろNG企画、未来永劫実現することはないと言って過言ではないでしょう。

第一、これまで誰も思いつかなかったような斬新なアイデアは、なかなか降りてくるものではありません。

仮に、時代の二歩も三歩も先を行く先進的なアイデアを思いついたとしても、その素晴らしさはなかなか理解してもらえません。時代が追いついていないからです。

時代の半歩先くらいでないと、誰もついてこれません。

以前、若手の放送作家が「映像なしで音声だけで見せる番組」という尖ったアイデアを聞かせてくれたことがありました。

テレビ画面はあたかもスイッチが入っていないように真っ黒なのですが、芸人たち

顧客とのベストな距離感は「半歩先」

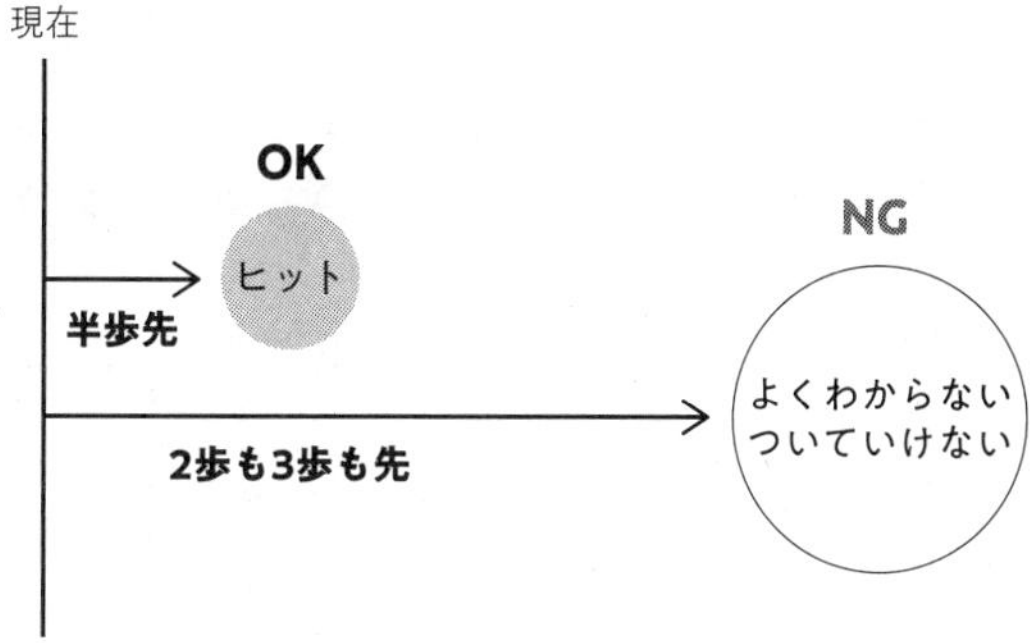

の話芸でカバーするというものです。

確かにテレビ界にこれまでにはなかった挑戦的で尖った企画です。

しかし、それはもう「ラジオ」にすぎません。そもそもテレビ画面に映像が放映されなければ放送事故として扱われます。ですから若手放送作家の出したこの企画は、絶対に通ることはありません。そもそもそんな番組、面白いと思う視聴者がどれほどいるかもわかりません。

「これまでにない尖った企画」にこだわるあまり、「視聴者を笑顔にする番組を作ろう」という、一番大事なことを無視した、独りよがりな企画になった典型例ではないでしょうか。まったくの新しさにこだわっている限り、企画が通ることはないと考えてください。

若いから発想が柔軟というわけではない

また、必ずしも「若い＝発想が柔軟」とも言えません。実際に若手放送作家と企画会議を開いても、斬新な企画ばかりが集まるわけではありません。むしろ「自分が大好きなテレビ番組」にそっくりな企画が多くなります。

「自分の好きなタレント」におんぶに抱っこで、そのタレントで何をする番組なのか、ひと言で言えないような企画も目立ちます。

「××が毎週、いろんな面白いコーナーに挑戦します。歌ったり踊ったりゲストを招いて料理をしたりコントしたりとかも……」という、企画以前の企画もあるのです。

この手の企画は、全盛時のＳＭＡＰや嵐のような、勢いのある出演者のスケジュールを押さえることができて初めて、成立するものです。

「これまでにないまったく新しい番組です！」と言い、目をキラキラさせて提出してもらった企画が、十数年前に半年で打ち切られた番組にそっくりなケースもありました。

本人は「これまでにない尖った企画」だと思い込んでいたかもしれません。しかし、それはすでに終わった大失敗例に酷似していたり、「映像なしで音声だけで見せる番組」のような、テレビとしてありえない企画であることも少なくありません。あなたの〝尖った企画〟はどうでしょうか。

こうした例はまったくの勉強不足で、前例を調べていないケースです。テレビ界に限らず、どんな業界でも過去のヒットくらいは頭に入れておかないと恥をかくだけです。ひいてはあなたに「×」マークがついてしまう結果を招きかねません。

多くの場合、こうしたケースは「若さ」というより、経験不足、場数を踏むことによって得てきた知識のなさ、要はプロとしてまだまだ「未熟であること」の表れなのです。

原則2 「ベタ」の力を利用せよ

「ベタ」のチカラはあなどれない

経験や知識は、どうしても年長者には敵《かな》わない。では、どうすれば、未熟さをカバーできるのでしょうか。

私がおすすめしたいのは、「ベタ」（定番）から始めることです。

ニューヨークのカリスマ振付家トワイラ・サーブが、クリエイティブな仕事をしたい人のために書いた『クリエイティブな習慣』（白水社）には、ハリウッドの敏腕プロデューサー（アーリー）と脚本家（デイヴ）が、どうやって映画の企画をつくり出しているか、その内幕が書かれています。

それはハリウッドの敏腕プロデューサー、アーリー・リンソンと、彼にとって気心の知れた脚本家であるデイヴィット・マメット、通称〝デイヴ〟が電話で話した、ある冒険映画が生まれるきっかけとなった会話です。

アーリー「やあ、デイヴ」
デイヴ「どうしたんだい？」
アーリー「新しい案件が入った。君に新しい台本を書いてもらいたいんだ」
デイヴ「わかったよ」
アーリー「デイヴ、冒険映画はどうだろう？」
デイヴ「いいね」
アーリー「何か、キャスティングしやすいもの。〝二人の男〟なんてどうだろう」
デイヴ「いいね」
アーリー「頼むよ、デイヴ、先に進めるにはもっと必要なんだ」
デイヴ「オーケイ……、〝二人の男〟と熊はどうだろう」
アーリー「……よし！　始めよう」

この会話における「見えるひと言」は、

〝二人の男〟と熊

こうして決まったのがアンソニー・ホプキンスとアレック・ボールドウィンがダブル主演した映画『ザ・ワイルド』（1997年・米）でした。

『ザ・ワイルド』は、〝二人の男〟と、男のひとりの妻が、自家用飛行機で旅行に出かけたところ飛行機が人里離れた山奥に墜落。命からがら下山しようとしたら、獰猛《どうもう》なヒグマに襲われてしまう……、という極限状況下に置かれた男たち＋ひとりの女性のサバイバルを、極限と言ってもいいようなスリルを織り交ぜながら、荘厳な自然の風景の中で力強く描いたアクション映画です。

なぜプロデューサーのアーリーは、〝二人の男〟というワードを脚本家のデイヴに投げかけたのでしょうか？

それは〝二人の男〟という設定が、これまでにもヒットしてきたハリウッド映画の定番だったからに他なりません。

先に紹介した映画プロデューサー、ブレイク・スナイダーの本、『ＳＡＶＥ　ＴＨＥ　ＣＡＴの法則』には、ヒットするハリウッド映画のパターン、言わば「定番のストーリー」が10種類紹介されています（興味のある方は本書をお読みください）。

すべての映画が、10パターンのどれかに該当するはずですが、その中のパターンのひとつが「バディ（相棒）との友情」という〝二人の男〟を中心にするストーリー構成なのです。

確かに、ポール・ニューマンとロバート・レッドフォードの『明日に向って撃て！』（１９６９年）もそうですし、自閉症の兄を演じるダスティン・ホフマンと弟役のトム・クルーズによるロードムービー、『レインマン』（１９８８年）も、〝二人の男〟の物語です。

トミー・リー・ジョーンズとウィル・スミスが主演した『メン・イン・ブラック』などは、『ザ・ワイルド』における「熊」の代わりに、「宇宙人」を絡めた作品です。

また、命が宿ったぬいぐるみ・テッドと、大人になりきれない男・ジョン（マーク・ウォルバーグ）との友情を描いたコメディ映画『テッド』（２０１２年・米）に至っては、相棒の片方をテディベアにしてしまいました。

世界中で社会現象を巻き起こし、日本でも歴代3位の興行収入255億円を記録した大ヒットディズニーアニメ『アナと雪の女王』とその続編『アナと雪の女王2』も、言わば〝二人の男〟を女性にしたパターンです。

この誰もが「見える」ベタな定番〝二人の男〟という型に、〝熊〟でも〝宇宙人〟でも〝テディベア〟でもなんでもいいから、何かをプラスαするだけで、制作費何十億円という、ハリウッド映画の企画がスタートしているのです。

「エイリアン」を実現させた究極のベタ

ハリウッドでは、さらにベタなひと言で企画が通ったケースがあります。

それは1979年に公開され、世界中で大ヒットを記録した『エイリアン』です。シガニー・ウィーバー演じる女性宇宙航海士、リプリーが航行中の大型宇宙船という閉鎖空間の中、異星生物＝エイリアンに襲われる恐怖と葛藤を描いた、あの超ヒット作品です。

この映画の企画を通した「見えるひと言」とはどんなものだったか、想像できますか？

そのひと言はなんと、

「宇宙のジョーズ」

というもの（笑）。

『ジョーズ』は、平和な海水浴場を恐怖のどん底に落とし入れた巨大な人喰いザメとハンターの死闘を描くサスペンス。『エイリアン』より4年前の1975年に公開され、当時の歴代興行収入トップを記録した空前の大ヒット映画です。

「宇宙の『ジョーズ』」＝『エイリアン』は、「海」を「宇宙」に、「サメ」を「エイリアン」に置き換えただけです。

「宇宙船の中で迫り来る異星生物の見えざる恐怖に、人間が立ち向かう映画」というのもいいのでしょう。

でも、さらに「ひと言で言えば〝宇宙のジョーズ〟です」と、極めつけの「ひと言」をプラスすると、手に汗握るスリリングな展開や『ジョーズ』のように、映画館に足を運ぶ大勢の観客の姿までが見えてくるのです。

このように**「今までにあったもの」にたとえることこそ「究極のベタ」です。**

身もフタもない、むきだしの「ベタさ」ですが、事実これまでもこの方法で何十億円という莫大な予算が動いてきました。

裏を返せば、**当たるかどうかも見えない、まったく新しい企画に何十億円もつぎこむギャンブルはできない**ということだと思います。

原則3 〝ベタ〟に「新しさ」をプラスαせよ

100％見える企画も絶対にうまくいかない

「ベタ」が持つパワーを、よく理解していただけたと思いますが、当然、「ベタ」だけでは不十分です。

「100％見えるベタな企画」とは、「前例がある」企画です。前例がある企画は経験を思い出すだけなので、誰の目にも100％見えます。言い換えれば**「100％見えている」＝「100％できる！」とわかっている**ということです。

では、100％見えていて、絶対にできるとわかっている企画であれば、必ず実現すると思いますか？

当然、そんなわけはありません。

以前にやったものと同じような企画を出しても、「こんなの前にやったよ！」と突き返されるのがオチです。

そこで求められるのが、見えるベタな前例を新しいものに変える「付加価値」、つまり「プラスα」です。

『TVチャンピオン』の企画が実現した理由

企画に求められるのは、ベタを新しいものに変える「プラスα」です。何を変えて新しくするのか、それを「ひと言」で伝えることができれば、前例のあるアイデアが「見えて通る」企画に進化します。

私が放送作家の先輩である藤岡俊幸さんと一緒に企画書をつくった『TVチャンピオン』という番組は、その典型でしょう。

「いろんなジャンルの日本一を決める」という「ひと言」から始まったこの番組は、「日曜ビッグバラエティ」の単発枠で藤岡さんが構成を担当していた『全国大食い選手権』のフォーマットを利用したものでした。

そこに、大食いだけでなく「これまであまり注目されてこなかった才能（手先が器用、嗅覚が優れている、マンガの知識がすごいなど）」の持ち主や、腕に覚えのある職人さんたち（寿司職人や中華料理人など）に注目するという、プラスαを加えたのがポイントでした。

プラスαを光らせるために、競うジャンルには、とことん「新しさ」を意識しました。

ミニチュア職人やフィギュア製作者がミクロの世界に挑む「手先が器用選手権」、全国の歓楽街からナンバーワンホストが集った「ホスト王選手権」、サウナでひたすら流れる汗の量を競う「汗かき王選手権」、警察犬と嗅覚を競う「鼻大王選手権」など、それまでゴールデンタイムの番組では見たこともなかった戦いをぶつけたのです。

当時は、後にヒットする『料理の鉄人』のような、料理人が腕を競い合う番組もなかく、そもそもいろんなジャンルの日本一を決める番組もありませんでした。

過去の番組のノウハウでできそうという実現可能性に加え、企画の中身が斬新で「これまでになかった」と評価され、「即、採用！」となりました。

プラスαこそがクリエイティビティである

ベタな定番をベースにすると聞いて、「なんだ、アレンジか」なんてがっかりしないでください。発想術の古典的名著『アイデアの作り方』（CCCメディアハウス）の中で。著者のジェームス・W・ヤングが明かしている真理は、

「アイデアとは既存の要素の新しい組み合わせ方以外の何者でもないということである」

というものです。

「100％新しい企画は未来永劫通らない」と前に書いたのも、既存の要素がまったくない企画だからです。

既存の要素こそが「これまでにあったもの」のこと。それをベースにして新しい企画を考える。これが企画における斬新さであり、クリエイティビティと言っていいでしょう。

アイデアの天才といわれる人たちも同じようなことを語っています。

アップルの創業者、スティーブ・ジョブズは、

「クリエイティビティとは組み合わせに過ぎない」

先に紹介した『クリエイティブな習慣』の著者、トワイラ・サープも、「あなた！すべては以前に誰かがやっているのだ。本当にオリジナルなものは何もない。ホメロスも、シェイクスピアも、間違いなくあなたと同列だ」と言っています。

「クリエイティブ」と言うと、天才的なひらめきで、ゼロからすごいものを生み出すセンスのように思われるかもしれません。

しかし、実際はそうではありません。クリエイティブな能力とは**「既存のアイデア」を上手に組み合わせる力**なのです。

原則4 「ベタ」と「新しさ」の理想のバランスを目指せ

ウケる企画の方程式――「実現可能性」×「新しさ」

企画は見えなければ通らず、100%見える前例のあるものでも通りません。ではそのバランスをどう考えればよいでしょうか?

参考になるのが次のページの座標軸です。

縦の座標軸は「新しさ」。上に行けば行くほど「新しい」「斬新である」「インパクトが強い」「エッジが立っている」と言ってもかまいません。

一方、下に行けば行くほど、企画採用者に「古い」「手垢のついた」「またそのパターンか」と思われます。

横の座標軸が「実現可能性」。右に行くほど企画採用者が「実現可能性が高い」と

「実現可能性×新しさ」マトリクス

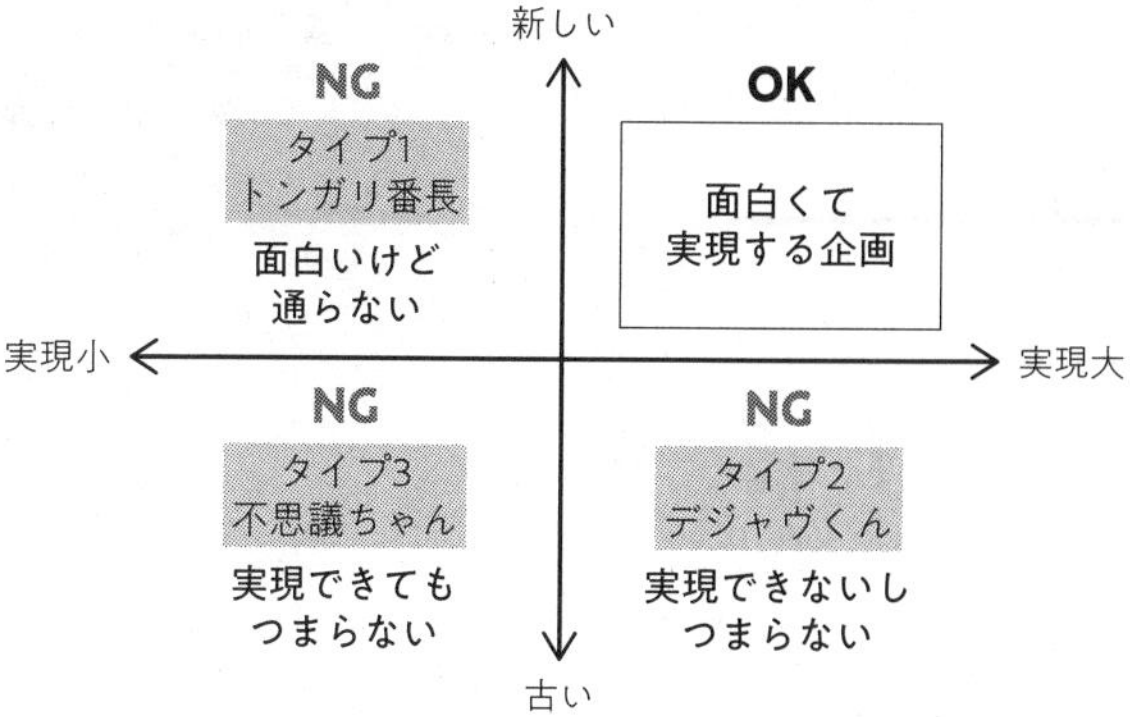

感じるものです。企画採用者が「以前もやった」前例があるものや、「今、実際にやられているもので、そのノウハウが知られている」ものほど右に寄っていきます。つまり、右に寄るほど企画採用者に「見える」企画ということです。

一方、左に行けば行くほど実現可能性は低くなり、企画採用者には見えにくくなっていきます。

次のページを見てください。

私が企画書を書いた『TVチャンピオン』という番組なら、右上のこのあたりに位置します。その実現可能性はMAX、もっとも右に位置して企画採用者（この場合はテレビ東京の編成責任者）にもよく「見

「実現可能性×新しさ」マトリクス

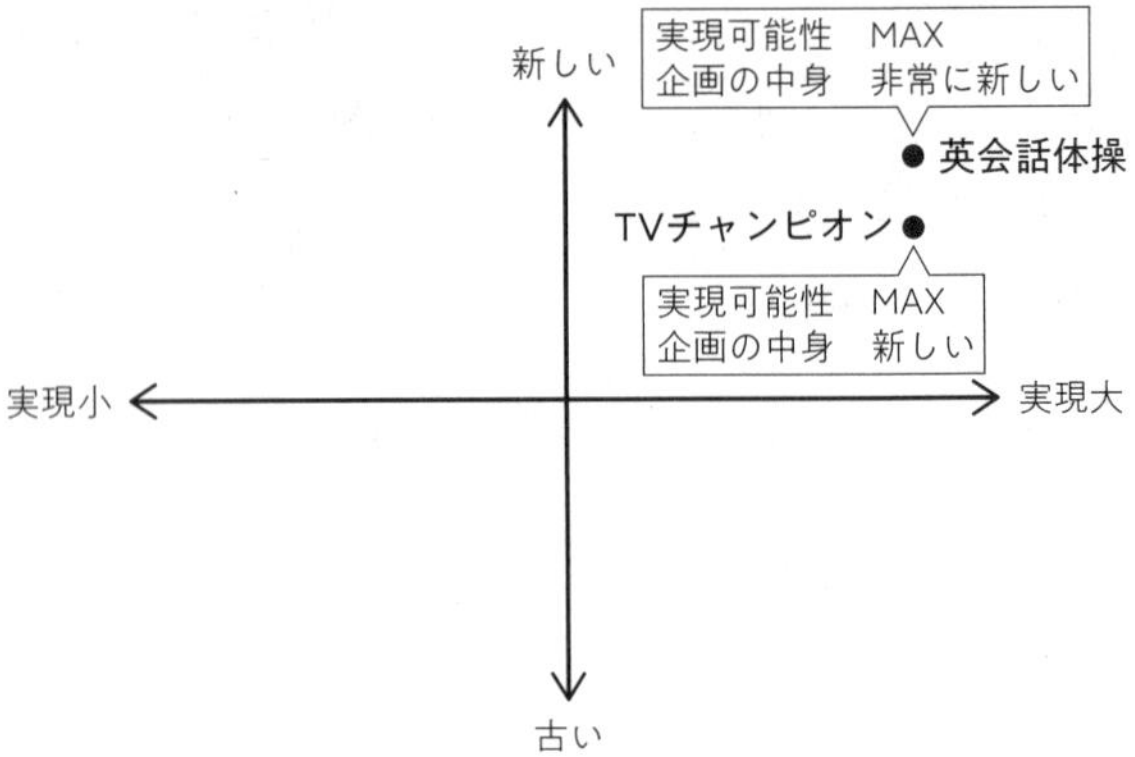

える」。それでいて競技は新しいからです。

フジテレビ系『英会話体操』は、右上のかなりいいところに位置すると自負しています。だからこそ30秒で企画が通りました。これこそ「新しい＋見える」のバランスが取れた、ひと言企画のチカラです。

あなたの企画がうまくいかない本当の理由

あなたの企画は、このマトリクスのどこに位置しているでしょうか？

これまでに通ってヒットした企画、通らなかった企画、通ったけど当たらなかった企画をこのマトリクスに当てはめてみると、その企画のどこがダメだったのかつかめるのではないでしょうか。ダメだった企画は大体、次の3つのパターンに当てはまるはずです。

タイプ①　トンガリ番長

「オレの斬新な企画がなんで通らないんだ！」

そう思った時の企画は、確かに新しいものだったかもしれません。

しかし、本当に「見える」ものだったでしょうか。新しさばかりが目立って、きわめて実現性の低い、つまり、マトリクスの左上のゾーンに入ってなかったでしょうか？

「映像なしで音声だけで見せるこれまでにない番組」などは、まさにこのゾーンです。新しさをひたすら追い求め、意気がった〝トンガリ番長〟になると企画は実現しません。

タイプ②　デジャヴくん

「通ったけどコケた」

そんな企画は、通すことだけを優先して、目新しさやインパクトが欠ける、右下のゾーンに入ります。

テレビ番組でいえば、ヒットしている番組の形式をパクって、出演者や演出を少し変えただけのようなものがここに位置します。

どこかで見たことのあるアイデアばかり出していると、〝デジャヴくん〟になってしまいます。

フレームは二番煎じでもかまいません。ただしそこにプラスαがなければ、仮に企画が通ったとしてもヒットすることはないでしょう。

タイプ④ 不思議ちゃん

「なんだよ、この企画は！」

そう徹底的に叩かれてしまった企画。これは、新しさもなければ実現の可能性も低い、左下のゾーンに位置します。

以前、『TVチャンピオン』の企画会議で、ある若手の女性放送作家が、「心のやさしい人ナンバーワン決定戦」という企画を提出したことがありました。その中身は、「森の中に立って両手を広げ、一時間に何羽の小鳥をその指に呼び寄せることができるかを競う。普通の小鳥は1点だけれど、青い小鳥を呼び寄せることができたらボーナスポイントで3点にする」というものです。

ディズニー映画の『白雪姫』以外に、青い小鳥を指に呼び寄せることのできる人類が果たして実在するのかどうか、誰にもわかりませんでした。

彼女はその後も、「速読王選手権」という、どうやって映像にしていいのかわからない企画や、「〝イクラ〟プチプチ王選手権」といった、もはや何を競うのかわからない企画を提出していましたが、やがて会議から姿を消しました。

その後の彼女が青い鳥を見つけたことを心から願ってやみません。あなたも〝不思議ちゃん〟にならないよう気をつけてください。

とにかく、目指すべきは、右上のゾーン「新しくて、見える」企画。右上に近づけば近づくほど、企画は確実に実現し、ヒットするのです。

原則5 ヒットする企画の「カタチ」を知る!

ヒットパターンはいつも「らせん型」である

実現性が高いのに、新しい。それが「見えて、通って、ヒットする企画」です。

そのようなアイデアをどう生み出したらよいのでしょうか?

その具体的な方法については第3章から紹介していきますが、その前に知っておいていただきたいのが、ひと言で見える企画の〝カタチ〟です。

マトリクスの右上にある、ひと言で見える企画は、実にシンプルなイメージ図で表すことができます。「見えるひと言」は、「らせん型」をしています。このイメージ図を頭に入れておけば、第3章以降の「見えるひと言のつくり方」の参考になるだけでなく、企画書づくりやプレゼンにも役立つこと間違いなしですよ。

このカタチを思いついたのは『BSフジLIVE　プライムニュース』という2時

間の生放送番組のゲスト、元内閣官房参与でシンクタンク「ソフィアバンク」の代表である田坂広志さんと、国会記者会館で番組の事前打ち合わせをしているときでした。

ヒットパターンはいつも「らせん型」

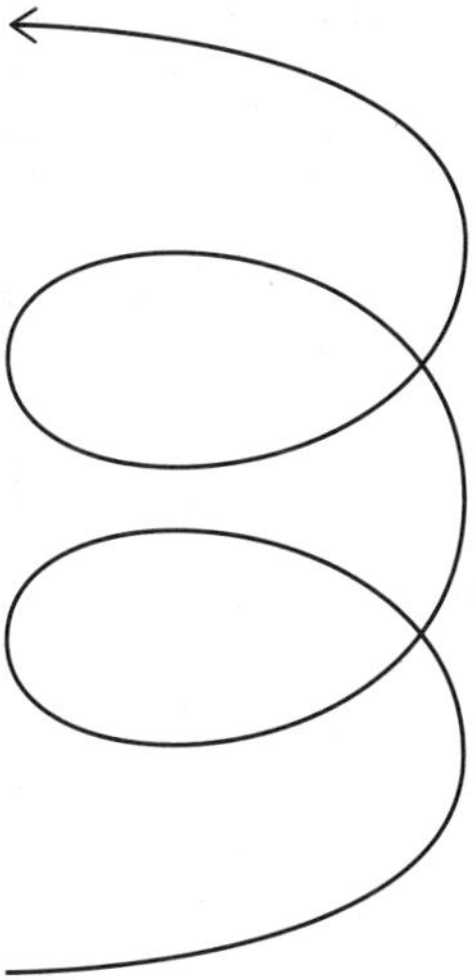

田坂さんがそのときおっしゃったのが、

「物事はらせん的に発展する」


これはヘーゲルの弁証法に基づく考え方です。

それはどういうことなのか、田坂さんの著書『使える　弁証法』（東洋経済新報社）から引用してみましょう。


もう少し詳しく表現すると「物事が発展するとき、それは直線的に発展するのではない。らせん的に発展する」ということです。

「らせん」とはまさに「らせん階段」などの言葉に使われる「らせん」のこと。

普通の階段は、まず一方向に直線的に登り、また折り返して逆方向に直線的に登っていく、いわゆる「ジクザグ」に折れ曲がりながら登っていきます。

これに対して、らせん階段は、ひとつの柱を中心にぐるぐる回りながら登っていきます。「らせん的発展」とは、らせん階段を登っていくような発展の仕方をいいます。

つまり、上から見ていると、ぐるっと一周回って元の場所に戻っているように見えるものの、横から見ていると「さらに上の高み」に進んでいる。物事の進化や発展はこうした形で進んでいくというのです。

たとえば「電子メール」。

これは17世紀のオランダで生まれた「郵便制度」が、ぐるっと一周回って高みに登ったものです。17世紀のオランダの画家、フェルメールの絵には、手紙を書いたり読んだりする女性が多く描かれていますが、それは手紙が当時の最新の流行だったからです。

電話の登場以来、私たちはあまり手紙を利用しなくなっていきました。つまり、文字によるコミュニケーションは、あまり人目につかない「らせんの奥のほう」へ行ってしまったのです。

ところが、インターネットやスマートフォン、SNSの登場で、今ではむしろ、電話よりも文字でのやりとりのほうが圧倒的に多くなりました。

まさしく、上から見るとぐるっと一周回って帰ってきた。しかし横から見ると、以前の手紙のような手間もなく配達時間がかかることもなくなった。

つまり、インターネットという新しい技術の登場を待って「郵便」よりも付加価値がつき、「より高み」に登り、なおかつ用件を伝える、人の心と心をつなげるという意味では、元の場所に帰ってきているというわけです。

この話を伺ったとき、私は、「これまでにあるもの」をベースにした企画も、これとまったく同じ構造なのだ、と気づきました。

「これまでにあったもの」に時代に合わせた「新しさ」や「付加価値」を加え、より高みにある状態にしたもの。それが「ヒットのカタチ」だと言えるのではないでしょうか。

上から見ると「円」に見えます。この「円」こそが「これまでにあった形」。「手紙」と「メール」の例で言えば、「文字による通信手段」という本質です。

しかし、横から見た場合、「便利さ」や「手軽さ」、「即時性」という付加価値が加わっています。

つまり「上から見た円」が〝本質〟、「横から見た高さ」が〝新しさ〟あるいは〝付加価値〟ということになります。

企画に当てはめると、企画採用者は上から見て「なるほど、あのパターンだな」と理解しやすくなる。理解してもらいやすいだけでなく、過去のパターンからある程度の実現性も見えるので実現しやすくなります。

そこにどのような「新しさ」や「付加価値」を加え、より高みに持っていくかが、企画者の腕の見せどころということになります。

その高さが高いほど、インパクトのある企画となり、先ほどのマトリクスに当てはめても、より上に位置することになるのです。

コラム

企画は「巨人の肩」で作る！

アイデアは別にまったく新しいものでもなくていい、単なる組み合わせに過ぎないのだ。そう言われると、少しラクな気分になりませんか。

これまでにあったものをベースにして、そこに新しいものを加えていくわけですから、経験のなさゆえの「未熟さ」も、「すでにあるもの」がカバーしてくれます。

これまでにあったものをベースにする」ことは、先人の知恵を借りることとも言えます。

先人の知恵をどう活かすか、どう新しくするかはあなた次第。

活かし方次第では、それまでの常識を覆してしまうような素晴らしいアイデアが誕生する可能性も期待できます。

古今の天才科学者は、まさにそのように誰も気づかなかった真実を発見してきました。

イギリスの物理学者にして近代最大の科学者、万有引力を発見したアイザック・ニュートンはこう言っています。

「我々は巨人の肩に乗った小人のようなものだ。当の巨人よりも遠くを見わたせるのは我々の目がいいからでも、体が大きいからでもない。大きな体の上に乗っているからだ」

自分の業績は自分一人で成し遂げたものではない。巨人、すなわち過去の膨大かつ偉大な発見の上に立つことで実現したものだという意味です。この言葉は、偉大な科学者の謙虚な素顔を物語るものとして、広く知られています。

企画の世界もそれと同じ。

一人ひとりの企画者が実現させることは小さいかもしれません。しかし、巨人すなわち先人たちがコツコツと成し遂げてきた膨大な業績の上に積み上げることで、私たちも微力かもしれませんが、社会の発展に寄与することができます。

先人の知恵をうまく利用すれば、ニュートンのようにまったく新しいアイデアを生みだすことができるかもしれません。

ニュートン物理学を塗り替え、アインシュタインの名を不朽のものにした「相対性原理の発見」も、ガリレオの相対性原理（等速運動をする観測者の間で物理法則は一定）とマクスウェルの理論（どの観測者にとっても電磁波の伝達速度は一定）を組み合わせたものだと言われています。

常に先人に畏敬の念を払いながら、それをベースにしてプラスαの改良を加えていく。これが新しい企画作りの基本法則だということです。

30年近く続くロングヒット番組『世界ふしぎ発見！』も、その形式はオリジナルではありません。番組スタート時には『世界まるごとHOWマッチ』を筆頭に、海外クイズ番組が花盛りだったため、「5匹目のドジョウ狙い」などと揶揄《やゆ》されたくらいです。

世界を旅してクイズを出題するという形式には、確かになんの目新しさもありません。でも、「世界の歴史」にスポットを当てるという企画をプラスα。その結果、知的好奇心のある視聴者層の支持を受けたのです。

さらに、ていねいで良質な作りを心がけたことから、「親が子どもに見せたい番組」「優良放送番組クイズ番組部門」などの評価をいただきました。

その結果、視聴率が低迷した時も打ち切られることなく、なんと四半世紀以上続いています。先行していた他の海外クイズ番組はすべて消えてしまいましたが、最後発の「5匹目のドジョウ」が、結局最後まで生き残ることになったのです。

「ウケるアイデアの5原則」

原則1 「トンガリ幻想」は捨てよ

- 100%新しい企画は、未来永劫実現しない
- 半歩先を目指したアイデアを考えよう
- 過去のヒットを頭に入れておくのは常識

原則2 「ベタ（定番）」の力を利用せよ

- ベタの強みはバカにできない
- 究極のベタは「今まであったもの」にたとえること

原則3 「ベタ」に「新しさ」をプラスαせよ

- 100%見える企画もうまくいかない
- プラスαこそがクリエイティビティである
- 新しい組み合わせこそがアイデアだ

原則4 「ベタ」と「新しさ」の理想のバランスを目指せ

- 「実現可能性×新しさ」マトリクスでアイデアを分析する
- 目指すべきはマトリクスの右上ゾーン

原則5 ヒットの「カタチ」をつかめ

- ヒットパターンはいつも「らせん型」である
- これまであったものに、時代に合わせた「新しさ」や「付加価値」を加えたものこそが、ヒットのカタチである

第3章

「ひと言」企画の発想法①
アイデアを生み出す

ひと言の種を蒔こう!

「ひと言」を作ること、それは冒険の旅である

企画とは、ある目的のために新しい何かを生み出すためのアイデアです。

そのアイデアはまず、あなたの頭の中に現れます。頭に浮かんだふわふわとしたアイデアの本質を言語化したうえでぎゅっと濃縮したもの、それが「見えるひと言」です。

「見えるひと言」への道。それはワクワクする冒険の旅のようなもの。

旅には、地図が欠かせません。これからあなたが進む地図を、次のページに示します。

ひと言で発想する技術

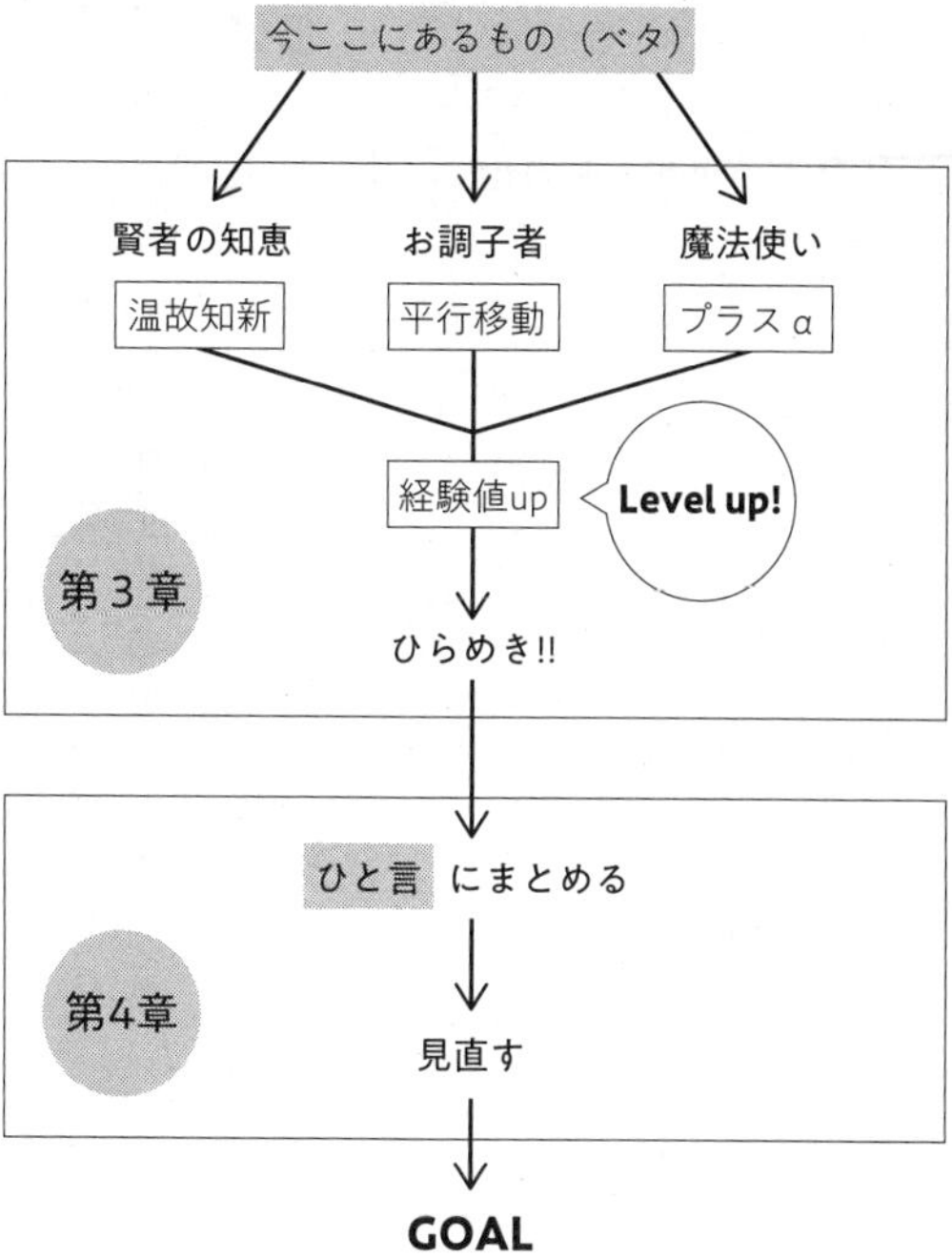
今ここにあるもの（ベタ）
賢者の知恵
温故知新
お調子者
平行移動
魔法使い
プラスα
経験値up
Level up!
第３章
ひらめき!!
ひと言 にまとめる
第4章
見直す
GOAL

第3章〜第4章では、この地図を進んでいきながら「見えるひと言」を作っていくことになります。

あなたは、ロールプレイングゲームの主人公（「ドラゴンクエスト」でも「ファイナルファンタジー」でも、好きなものをイメージしてください）です。

冒険の始まりは、「ここではないどこかへ行きたい」「今までにないものをつくりたい」というあなた自身の衝動かもしれません。

あるいは「お姫様が魔王にさらわれてしまった」ように、なにかの問題が起きて、それを解決する旅に出るのかもしれません。

中には、王様（上司）に命じられて渋々、なんて場合もあるでしょう。

いずれにせよ、旅には目的があります。

その目的を果たすために必要な伝説の武器を探す。それが、企画で言うところの「見えるひと言」です。

その旅の道のりは、前ページの通り。

まず、あなたは「ベタ」から旅立ちます。

そして、「賢者」や「お調子者」、「魔法使い」といった仲間の助けを借りて、「ひらめき」を手に入れるのです。

最初、その「ひらめき」は、モヤモヤとしていてつかみどころがないように見えることでしょう。こんなものが本当に役に立つのだろうか、そんな疑いも芽生えるかもしれません。

それでも、「ひと言」にまとめていくなかで、そのひらめきの正体が本物か、それとも偽物かがわかります。

最後にそれをチェックする（「ドラクエ」の「ラーの鏡」を覗くような具合です）。間違いなく本物であれば、それがあなただけが使える伝説の武器──「見えるひと言」です。

自分で探し出した武器となる「ひと言」を使って、旅の目的を果たしましょう。さあ、冒険の始まりです！

まずは「実現できそうなもの」から考えてみる

〝新しさ〟と〝実現可能性〟、タマゴが先か、ニワトリが先か?

30年以上も放送作家をやっていると、ベテランと呼ばれる立場になり、近頃では放送作家教室の講師を務めることもあります。

そうした場で「ヒット企画のつくり方」について話す時は、前章でご紹介した「新しさ×実現可能性マトリクス」の話をします。

すると、よくこんな質問を受けます。

「〝新しさ〟と〝実現性〟どちらから考えればいいですか?」

私は、これまで「ケースバイケース」と答えてきました。

たとえば、私が担当した例で言うと、『英会話体操』は、「これまでになかったもの、つまり〝新しさ〟を優先して考えたもの。ここに後から〝実現性〟がついてきたパターンです。

一方、『TVチャンピオン』は、「大食い選手権」のノウハウを活かすという〝実現性〟の高さから考え、後から〝新しさ〟がついてきました。

また、『世界ふしぎ発見！』は、「5匹目のドジョウ」と言われたくらいですから〝新しさ〟の座標軸上は、低い場所に位置するでしょう。

でも、スタッフが良質な番組づくりを目指してきたことで、よい結果を残しています。

つまり、『世界ふしぎ発見！』は〝実現可能性〟の高さを重視したうえで、「とりあえず企画を通したうえで勝負する」パターンです。

このようにヒット企画が生まれるきっかけは、まさにケースバイケースなのです。

アイデアの〝守・破・離〟

「新しさ」と「実現可能性」は、いわば表裏一体。

「新しさ（インパクト）」を優先すれば、その分、「実現可能性」が低くなる。一方、「実現可能性」を優先すれば、その分、「新しさ（インパクト）」が失われる。

どちらかを優先すれば、どちらかが失われてしまう、まさにトレードオフの関係にあります。

しかし、そもそも「実現可能性」が低ければ、どんなに「新しい」「斬新な」企画でも企画を採用する人に「絵に描いた餅」と思われるだけ。実現することはありません。

また、どんなに実現可能性が高くても、何も新しさがなければ、それは企画とは言えないでしょう。

つまり、何よりも大事なのは「バランス」を考えること。

でも、いきなりバランスと言われても、どうしたらいいかわからないでしょう。

そこで、企画を考えるのに自信がないなら、まずは「実現可能性」を重視することをオススメします。特に、若くて経験が浅いうちは、どうしてもアイデア先行型になりやすく、実現可能性の部分が見えなくなってしまうことが多いからです。

『クリエイティブな習慣』の著者、トワイラ・サープは、こう言っています。

「すでに効果があったものを信じ、リスクを減らそうとするのはもっとも無難なことである」

企画も、600年前に世阿弥が『花伝書』のなかで説いた「守破離」と同じです。**まずは、今ある基本を学び（「守」）、その基本に自分なりの工夫を加え（「破」）、基本を軸にすえながらも、型にとらわれず自分のなりの型＝企画をつくる（「離」）**——つまり、今あるものをベースにして「ひとり守破離」を頭の中で行うのです。

いずれにしても**何よりも優先すべきは、とにもかくにも企画を実現させること。**まずは実現させ、そのうえで少しでもより新しくしていくことが重要だと私は考えています。

まずは、「今ここにあるもの（ベタ）」から、冒険へ旅立つことにしましょう。

賢者の知恵──「ベタ」を徹底的に利用する

企画は「温故知新」でつくればいい

実現可能性から考えるにしても、「ベタ」な企画そのままでは、前にやったものと一緒。

それでは、ヒットはおろか実現することもありません。

ポイントは、「ベタ」に付け加える新しい付加価値、プラスαをどう生み出すかです。

もう一度、111ページの「らせん型」を思い出してください。

この形からは「ベタ」からプラスαを生み出すもっともシンプルなコツが見えてきます。それをひと言で言うと、これです。

「温故知新」、故きを温ね新しきを知る

「賢者は歴史に学ぶ」。ドイツで鉄血宰相と呼ばれたオットー・フォン・ビスマルクの言葉です。まずは過去に何か新たな企画のヒントはないか、探してみましょう。

「素人恋愛バラエティ10年周期」の法則

わかりやすくテレビ番組にたとえてみましょう。テレビ番組にも、このような「らせんのサイクル」がいくつも存在しています。

たとえば素人の男女の恋愛をテーマにした「恋愛バラエティ」。

このジャンルは常にどこかの局でオンエアされていますが。大きくヒットするのは10年に一度くらいのスパンです。

最近はＮｅｔｆｌｉｘやＡｍａｚｏｎプライムビデオといったネット配信の番組で、『バチェラー・ジャパン』や『恋んトス』といった恋愛バラエティが〝台本のないリア

リティーショー〟として人気を呼んでいますし、地上波の番組でも『ナイナイのお見合い大作戦！』が特番形式で定期的に放送されています。

その10年前には、男女7人が「ラブワゴン」と呼ばれる車に乗って様々な国を旅する中で繰り広げられる恋愛模様を追う、フジテレビ系の『あいのり』（1999〜2009）が話題を呼びました。

さらに10年前はとんねるずが司会をした、フジテレビ系『ねるとん紅鯨団』（1987〜1994）が人気を呼びました。「ちょっと待った！」などの流行語を生み出した番組と言えば、思い出す方もあるでしょう。

もっと10年ほどさかのぼると、恋愛バラエティの元祖とも言える朝日放送の公開恋愛バラエティ番組『プロポーズ大作戦』（1973〜1985）と、ほぼ同じ時期に放送されていた関西テレビの視聴者参加のお見合いバラエティ番組『パンチDEデート』に行きつきます。

10年おきにヒットしてきた、それぞれの恋愛バラエティ。それらの番組がどんな時代背景のもとにヒットしていたのかを見てみると、世相とリンクしていることがよくわかってきます。

『プロポーズ大作戦』では、戦後初めて大学進学率が30％を超えた時代を反映してか、大学生が男性チーム・女性チームに分かれて5人ずつ登場し、集団お見合いをする「フィーリングカップル5vs5」が人気コーナーでした。

若い人はご覧になっていないでしょうが、大型の電光掲示板をはさんで男女5人が向かい合い、誰を指名したかが光で示されるセットは、いまでもバラエティ番組でよく使われますので、一度は目にしたことがあるはずです。

『ねるとん紅鯨団』では、バブルの時代にふさわしく、デザイナーズブランドで着飾った男女による集団見合いが行われ、そのプロセスをドキュメントで見せるという内容でした。集団見合いを盛り上げる、テリー伊藤さんの演出が面白く、視聴率も高かったはずです。

日本人の海外旅行者数がピークを迎える2000年をまたいだころ、『あいのり』

では、舞台は海外に移りました。

これもドキュメンタリーの手法で、「ラブワゴン」に乗った若者たちを追いかけていますが、時代に合わせたよりリアルなドキュメントとなっています。

現在でも定期的に特番形式で放送されている、『ナイナイのお見合い大作戦！』は、もともと2014年春まで放送していた『もてもてナインティナイン』の人気コーナーでした。

嫁不足にあえぐ農村や漁村で暮らす男性のために一般女性を公募しお見合いをさせる企画や、シングルファーザー・シングルマザーのお見合い企画が人気を呼びました。これも晩婚化や離婚増加で単親世帯が150万世帯に迫ろうとしている時代に見事にマッチし、かなりの視聴率を稼ぎました。

打ち切りになった『テラスハウス』もしかり。この番組はもともと、知らない人と一つ屋根の下で生活をする、いわゆる共同生活の住居スタイルであるシェアハウスが若者たちに注目を集めるようになったころ、2012年にフジテレビ系列で放送が開始しました。

素人恋愛バラエティ 10年周期の法則

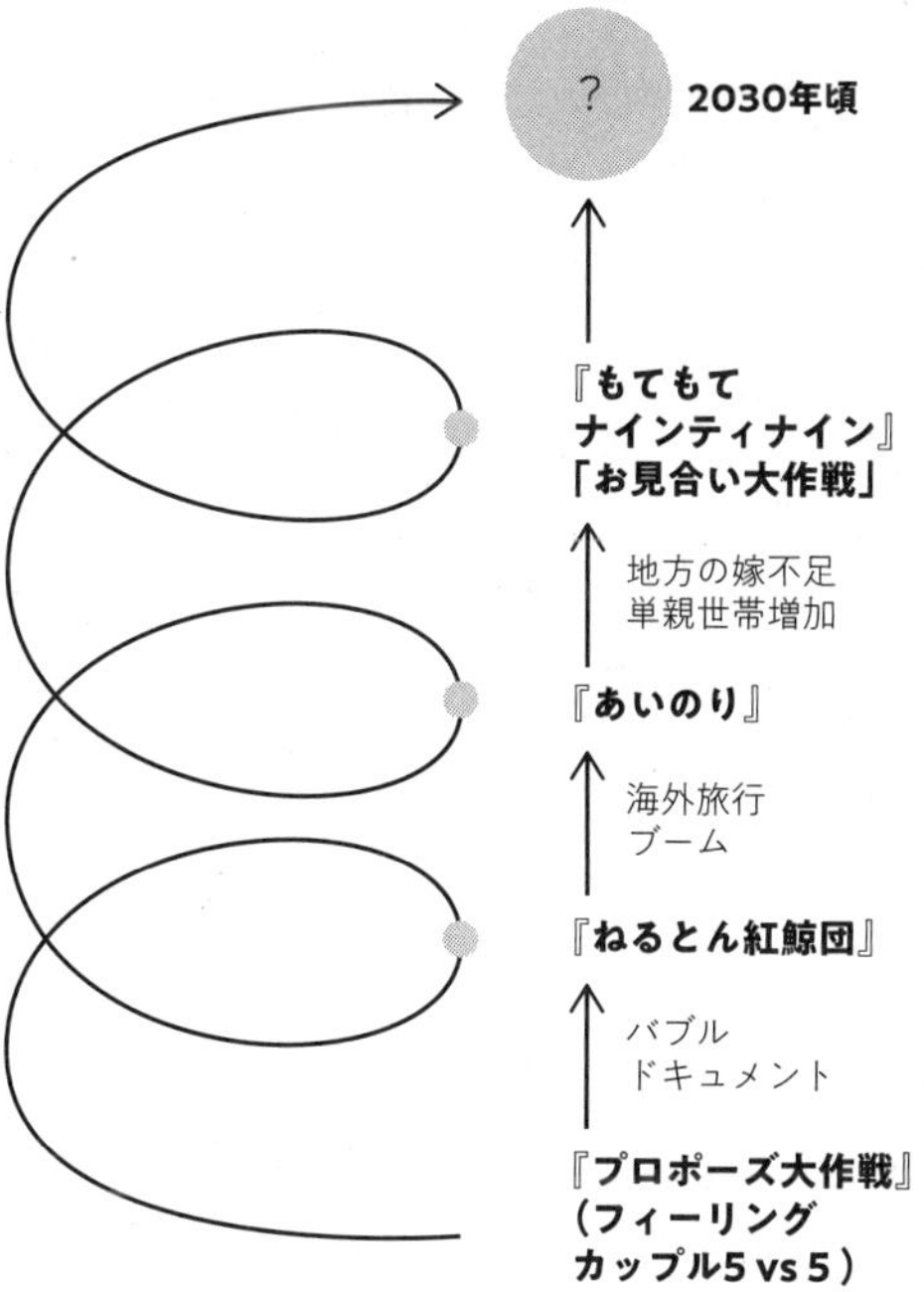

これも若者たちの貧困化が進むなか、家賃を抑えたい若者が増えたことや、オフラインのリアルな人間関係が希薄化する現代都市でシェアハウスが仲間を求める場となっている時代を反映したものと言えます。

これらの番組を、さきほどの「らせん型」に当てはめてみましょう。

いかがでしょう。「素人の男女の出会い」という〝本質〟が時代に合わせた〝演出〟により、高みに昇りながらループしていることがわかりますね。

もし、現在も放映されている『ナイナイのお見合い大作戦！』の企画を、これから通すとするなら、私はこの「ひと言」で伝えます。

嫁不足に悩む地方の若者たちのための〝ねるとん〟

企画を採用する人が、らせんの上から見ると、「〝ねるとん〟の地方版か、いいね！」と一発でわかるでしょう。

結婚願望がありながら結婚できない男女が増えている時代ですから、出場者も「ねるとん」に比べれば、真剣なものになりそうと予想することもできます。また、演出についても、これまでの恋愛バラエティ番組とは一線を画する付加価値（＝現代ならではの面白さ）が見えるでしょう。

そして、らせんを横から見る視聴者も、かつての恋愛バラエティ番組とは異なる楽しみ方ができる……と期待が大きく膨らみます。

ヒットにはサイクルがある

この〝素人恋愛バラエティ10年周期の法則〟は、単なる偶然かもしれません。

しかし、テレビの世界では他にも周期的にブームが起きることがあります。

スピリチュアルブームもそのひとつです。宜保愛子さん、細木数子さん、江原啓之さんと、ある周期ごとに霊能者がテレビで人気者となり、やがて消えていったのも、私にはらせん構造に思えます。

みなさんも周辺に目を向けると、テレビ番組以外にもヒット商品には一定の周期があることに気づくはずです。

『なぜ、人は7年で飽きるのか』(2007年、黒川伊保子・岡田耕一著)によれば、自動車のデザインは28年周期で、「丸いティアドロップ型のグラマラスライン」のデザインから「四角いくさび型のシェイプライン」へ。また28年を経て「四角いくさび型のシェイプライン」から「丸いティアドロップ型のグラマラスライン」のデザインへと徐々に移り変わっているそうです。

お菓子の「甘い」「辛い」も28年周期で移り変わるとか。「不二家ミルキー」「森永ミルクキャラメル」といった甘いお菓子のトレンドと、「カルビーかっぱえびせん」「湖池屋ポテトチップス」などのしょっぱいお菓子のトレンドが振り子のように繰り返されているというのです。

そうしたトレンドの周期を読むことができれば、先を読んで企画を立てることができるようになってきます。

このように、それぞれの業界で、ある一定の周期で繰り返しヒットしているものが見つけられるはずです。そこには、人が普遍的に興味を示したり、面白いと感じたりする共通のベーシックな要素＝〝本質〟が隠されています。

登場するのが大学生でもバブルな若者でもシングルマザーでも、「男女の出会い」というのは、本質的に面白いのです。

あなたの業界で繰り返しヒットしているものにも、人の心をとらえる〝本質〟があります。その〝本質〟を見極めて、そこに〝時代性〟を考えたアイデアを加える。

それを「ひと言」で表すことができれば、らせん構造の一段高い場所に進んだ、新しいヒット企画を生み出せるはずです。

いかがでしょう、ヒット企画の作り方がわかると、企画を考えるのが楽しくなってきませんか。

お調子者の美学
――アイデアを平行移動する

サイクルが待てなければ視野を広げよ

過去のヒットの本質がわかれば、ヒット企画はつくれる。とはいえ、「次のヒットサイクルを待ってなんかいられない！」という人もいるでしょう。

だったら、「波が来ている〝今〟のタイミング」を狙うのももちろんあり。今すぐいい企画を出したい、ヒットを狙いたい。そう思うのは当然ですからね。

そのためには、「今、社会で流行りつつあるもの」の本質を見極めて、それをベースに企画を立てることをオススメします。

ちゃっかりしたお調子者と思われるかもしれませんが、そうではありません。他で流行っている物事の本質を見極めて、異分野に平行移動させることは「ラテラルシンキング」とも呼ばれ、アイデア発想法の定番のひとつなのです。

「ゴチになります！」のヒットの秘密

さきほどの『お見合い大作戦』と同じ、ナインティナインの番組に、日本テレビ系の『ぐるぐるナインティナイン』という番組があります。その目玉企画が、ご存じ「ゴチになります！」です。

高級レストランを舞台に、番組レギュラー陣とゲストが値段を見ずにそれぞれ料理を注文し、自分が注文した料理の合計金額をあらかじめ設定された値段にどれだけ近づけることができるかを競う。これが番組の主旨です。

設定金額との差が一番大きかった人が最下位となり、その人は全員分の食事代を自腹で払う。これが企画のキモになっています。

「年間自腹総額がもっとも多かったゴチメンバーがクビになる」というクビレースによるメンバーの入れ替えも大人気で、今や『ぐるナイ』の看板企画番組なので、ご覧になっている方も多いと思います。

この企画は、もともと１９９８年10月、野口五郎さんをゲストに「銀座高級すしゴ

『おごってジャンケン隊』（小学館）第4巻22ページ

チバトル！」のサブタイトルでスタートしたものです。

しかし、実はその原型ともいえる『おごってジャンケン隊』というマンガが、その1年前から『ビッグコミックスピリッツ』（小学館）に連載されていました。

マンガ家の現代洋子さんと編集者の男性が、有名人ゲストおすすめの店で対談し、最後に全員でジャンケンを行い、負け残ったひとりが飲食代すべてを自腹で支払うというノンフィクション形式のマンガで、連載当初から「面白い」と話題になっていました。

「ゴチになります！」が、このマンガにインスパイアされたものかどうかわかりません。

また、マンガのほうはゲストとの対談がメインで〝自腹〟はあくまでオマケ。

一方、「ゴチになります！」は、「負けたら自腹！」というゲームそのものをメインにしており、メディアも異なるので、剽窃《パクリ》にはあたりません。

このように、ほかの媒体、ほかの業界・業種でウケている「面白い要素」を自分のところにもってくる（＝平行移動する）手法は、マスコミではよく見られます。

あなたも、自分がいる業界とはまったく別のところでウケている要素を、自分の業界に平行移動しても何の問題もありません。なぜなら、自分の業界に当てはめるために、必ずオリジナルな工夫が加えられるはずだからです。

むしろ、他業界のさまざまなヒットに興味を向けると、「なぜ今それがウケているのか」と、ヒットの本質を考える習慣ができるのではないでしょうか。

“トレンド”の波は業種横断的にやってくる！

異業種で「今、流行りつつあるもの」をベースにして新しいアイデアを生み出す。この方法もぜひ、身につけたい企画作り法の一つです。

実際に「大きなトレンドの波」は、どんな業種かを問わずに横断的に訪れることが多いのです。

先に紹介した『なぜ、人は7年で飽きるのか』によれば、〝流行〟とは〝トレンド〟の結果として流行る商品や現象のことで、大きな〝トレンド〟の波は様々な業種を飲み込み、それぞれの業界で同じような傾向の〝流行〟生み出すそうです。

たとえば、女性たちのトレンドがセクシー系・グラマラス系から「癒し系」へと移行すると、自然志向になり、自然食品や温泉が流行ります。

そのほか、肩パッドの入ったカチっとした印象の洋服より、優しく身体に巻きつくようなラップスタイルの洋服が注目される。自然体の飾らないアイドルや女優たちが、「天然系アイドル」「癒し系タレント」と人気を得る。「自然の最たるもの＝宇宙」とつながりたいという気持ちが高まり、スピリチュアルブームがやってくる――という具合です。

つまり、その初期サインを見逃さなければ、いろんな業界でトレンドに沿った発想が可能になるはずです。

たとえば、「天然系アイドルを見るようになったたな」と感じたとします。そんな時は、アパレル業界なら、すぐに胸のあたりを隠すように上半身を巻きつけるラップスタイルに、「今」の要素を加えながら考えるべきでしょう。

食品業界では、自分が担当する食品に「自然食材」が活かせないか考えてみてはいかがでしょう。出版業界なら、時代にあった新感覚の「スピリチュアル」を考えてみるという具合です。テレビ業界も同じ。スピリチュアル界にスター性がある新たな人材がいないか探したり、これまでにはない新しい形の癒しを提供する「温泉番組」の企画の精度を高められないかなども考えられるでしょう。

業界を横断したトレンドは、どこから始まるかわかりません。

表参道でラップスタイルの洋服を纏った女性が増えたら、「癒し系タレント」を売り出そうと考えてもいいでしょうし、雑誌を見てスピリチュアル系の企画が増えたと感じたら、自然食材を開発してもいいかもしれません。

とにかく大切なのは、「今、来ている」社会の大きなトレンドをつかむこと。それに思い切り乗った企画を考えてみましょう。

中には「トレンドを見極めろと言われても、流行には疎いからなあ……」なんて方もいるかもしれません。

そういう方にオススメなのが「定点観測」です。いろんな場所やいろんなメディアをチェックするよりも、**ある場所など特定のひとつに狙いを定め、その変化を観測する方法です。**

たとえば車が好きなら、車に絞ってデザインの変化を常に意識しておきます。前述の『なぜ、人は7年で飽きるのか』によれば、車のデザインは「四角いシェイプライン」のものと「丸いグラマラスなライン」の流行を行ったり来たりしています。丸みを帯びたデザインに偏り始めたら、そこが「癒し系」のトレンドの始まりだと気づくはずです。

通勤の途中、毎日通りかかるセレクトショップがあれば、ディスプレイを必ず見る習慣をつけるのもいいでしょう。最初はよくわからないかもしれませんが、慣れてくれば必ず「変化」に気づくはず。

展示されている洋服のテイストが変わるタイミングが来たら——たとえば、セクシー系・グラマラス系の洋服から癒し系に移り始めたら（または逆の場合もあるでしょう）——そこがターニングポイントです。

定番（ベタ）をベースにしながら、トレンドの要素を加えれば、どの業界でも、先進的で鮮度が高い企画が生まれるはずです。

プラスαの「魔法」をかける

ベタ＋α＝ウケるアイデア

アイデアは既存の要素の組み合わせ。何度も繰り返しお伝えしていることですが、実際に、これまであったものにちょっとしたプラスαの工夫をするだけで、まるで魔法のように新しい価値が生まれるというのはよくあることで、あらゆる業界で行われています。

ここでは特に、私が放送作家として学んだ「プラスα」の魔法のかけ方を、4つご紹介しましょう。

❶ 意外なものを足して化学反応を起こす

「かけ算」が生まれる「足し算」を探せ

「プラスαの魔法」のもっともオーソドックスな方法が、「足し算」です。

『英会話体操』という番組は、以前の教育テレビ（NHK・Eテレ）の「英会話番組」と「体操番組」を足し合わせただけ。

そう言うと「なあんだ」と思う人も多いでしょうが、これまで世に送り出されたヒット企画の多くは、「足し算企画」だといってよいでしょう。

ただし、なんでも足し合わせればいいというわけではありません。同じような性質のものを足しただけではなにも生まれません。

『ハイコンセプト』（三笠書房）の著者、ダニエル・ピンクは、それを「概念融合」という言葉で「誰も一つにしようとしなかった、二つの既存アイデアを組み合わせる」ことが大事だと言っています。

たとえば「いちご大福」。甘い大福に酸っぱい生のいちごを「足した」意外性から大ヒットとなりました。いままでは定番の「焼きそばパン」も、主食に主食を加えるという意外性が受けました。

これらのヒットからわかることは「意外なものを組み合わせる」ことがヒットのツボだということ。つまり、これまで誰も一つにしようとしなかった「異質な要素」を足し算してみるのです。

「常識」と呼ばれるものをいったん取り払って、異質なものを足した上で、ひと言で言ってみてください。絶対、合わないと思っていたもの同士が、予期せぬ化学反応を起こして新しい付加価値が生まれることは想像以上に多いと思います。

化学反応の面白いところは単なる合体・足し算ではなく、かけ算になること。かけ算になるとさらに大きく化け、想像をはるかに超える、付加価値以上の、新たな価値に発展していくことも珍しくありません。その化学反応は「異質な要素」を足したときに起こります。

ちなみに商品は英語で「プロダクト」です。プロダクトには「かけ算」という意味もあります。異質なもの同士の化学変化で生まれる付加価値以上の新規価値。それが「かけ算」が生み出した「プロダクト」、すなわち、「新商品」なのです。

テレビにつなぐ据え置きゲーム機と持ち運びのできる携帯ゲームを足し算した「ニンテンドースイッチ」は、まさにかけ算となって大ヒット商品になりました。

エンジンで走るクルマと電気自動車を足した、トヨタ自動車のハイブリッド車「プリウス」が、全世界で生産台数1位となっているのはご存じの通り。

古い歴史を持つ、足し算のアイデアは、鉛筆と消しゴムを足し算した「消しゴム付き鉛筆」です。これは1858年にアメリカ人のハイマン・リップマン氏によって発明されたものです。そのため、すでにある2つの商品をくっつけるアイデアの手法はハイマン法とも呼ばれています。

あなたの業界でも、何か既存のものに新たな要素を足し算することでかけ算になるものがきっとあるはずですよ。

化学反応の面白いところは単なる「合体」ではなく、「かけ算」になること。『英会話体操』も「いちご大福」も「焼きそばパン」も、10＋10＝20ではなく、10×10＝

１００なのです。

❷何かを「変える」

使い方を変えただけで１００万本売れた！

プラスαの魔法の中には、「何かを変化させる」ことで付加価値を作り出す手法もあります。

新潟県三条市で刃物などの家庭用品を作っている「アーネスト株式会社」では、海苔を切って刻み海苔にするための刃のいっぱい付いたハサミを開発したのですが、期待に反して、なぜか、まったく売れなかったそうです。

ところが、それを手動式「シュレッダー」として売り出したところ、なんと１００万本超えが売れ、大ヒット商品になりました。

このシュレッダー用ハサミ、その名も「秘密を守りきります！」というそうです。

この企画をひと言で言うなら、こんな感じでしょうか。

刻み海苔のハサミから〝手動式シュレッダー〟へ

これは、これまでにあったものの「利用法を変えた」例です。

利用法に限らず、これまでにあったもののサイズや形、味や匂いを「変える」ことで付加価値をつけられないか考えてみてください。

身の周りを見回すと、こうした商品も意外なくらい、目につくことに気づきます。

たとえば「味の素」は、ビンの中ぶたの穴のサイズを大きくしたところ、販売料が飛躍的に伸びた、これは一種の都市伝説として語り継がれている話です。

実はこれ、本当は湯気による目詰まりを解消するための施策だったそうです。ところが、結果的に、一度に使う量も増えて、売り上げを大きく伸ばすという成果をもたらしたのです。

今では鉛筆といえば六角形が当たり前ですが、以前は丸い鉛筆が主流でした。その時代に、六角形の鉛筆を売り出したら、持ちやすく、転がらないと大当たり！
「形を変化させるというプラスα企画」の大勝利です。

名前とパッケージを変えただけでヒットした商品もあります。

あなたは「モイスチャーティッシュ」という商品名を聞いてピンとくるでしょうか。ほとんどの方が商品を思い浮かべることができないのではないでしょうか。

では「鼻セレブ」ならどうですか？　「鼻セレブ」はネピアが2004年に発売、20年に発売16周年を迎えたロングセラー。ネピア独自の「トリプル保湿」と「植物由来スクワラン」により、これまでにない濃厚な潤いが続く高級ティッシュです。

この「鼻セレブ」のもともとの名前が「モイスチャーティッシュ」。この名前のころはほとんど売れなかったのに「鼻セレブ」と名前を変えて、パッケージも一新したところ大ヒット商品となりました。新しい商品企画を考えなくても、名前とパッケージを変えるだけでもヒットは生み出せるのです。

身の周りをちょっと見回すだけでも、形や音、触り心地や匂い、味といった五感を変えるだけで付加価値が付けられるものがいくつもあるはずです。何かを変えることでプラスαの工夫ができないか考えてみてください。

❸ 引き算する

「羽根」をなくした扇風機

これまでにあったものを「なくす」、あるいは「省く」など「引き算」をすることでも、新しいものが生まれます。

何かを省略して新しいものを作り出すときは、省くものが大胆であればあるほどインパクトが強くなります。

たとえば、ダイソンの「羽根のない扇風機」（Air Multiplier）はその典型です。

この商品は、「扇風機＝モーターで回転する大きな羽根が付いているもの」という固定観念をあっさり覆してしまいました。

もともと、これは「子どもが手を入れたら危ない」「掃除が面倒だ」という声をもとに、「いっそのこと、羽根をなくせないか」という大胆な発想から生まれたものでした。

こんなものもあります。

肩を出した洋服を着る時に「ブラジャーのストラップを見せたくない」という女性のニーズに応えて肩紐をなくした「ヌーブラ」は、「リラックスできる」という副産物的な効果もあってクチコミでヒットしました。

おひとりさま専用の焼肉店や、しゃぶしゃぶ店、ラーメン店も一組あたりのお客さんの数を減らす、ある種の引き算です。

その先駆けのひとつ、博多ラーメン「一蘭」は、すべての席がカウンターになっていて、しかも間に仕切りがある、個室のような空間で食べるスタイル。女性にとってひとりでラーメン屋に入るのは勇気がいるようですが、このスタイルだと人目を気にしなくていいので、おひとりさまでも安心して行けると女性に人気を呼びました。

あなたの周りにも、なくしたり、引き算をすることで、新しく生まれ変わるものはありませんか？　身の周りにあるものから、何かをなくしてみてはいかがでしょうか？

❹ ひっくり返す

大きな胸を小さく見せるブラ

4つめのプラスαの魔法。それは「ひっくり返す」ことです。

これまで当たり前だと思っていたものをひっくり返す——たとえば、それまで「表」だったものを「裏」にしてみたり、「常識」だと思っているものを「非常識」なものに変えてみたり、「あって当然」なものをなくしてみたりすることで、思いがけない新しい付加価値が生まれることがあります。

ワコールがインターネット限定で発売した「胸が小さく見えるブラジャー」が話題になったことがあります。

それまで、胸は寄せて上げるもの。つまり「胸を大きく見せるブラジャー」の開発に力を入れるというのが、下着メーカーにとって常識でした。

でも、一方では、「男性からの視線が気になる」「胸が大きいと太って見えてしまう」「雑誌に出ているスレンダーなモデルのように洋服をキレイに着こなしたい」という女性の潜在的なニーズがありました。

この隠れたニーズに対応した、

「胸が小さく見えるブラジャー」

は、まさに逆転の発想から生まれたものです。胸が大きなことに悩みを抱いていた女性の心をつかみ、ブラジャーの世界に新しいジャンルをつくりだし、確実に売れ続けているそうです。

下着に関してさらにいうと、「男性用ブラジャー」や「女性用のステテコ」などは、逆転の発想の極みといえそうです。

ブラジャーの例ばかりなので、このへんでやめておきますが、ひっくり返すことでヒットした商品はまだまだあります。

エバラ食品工業の「プチッと鍋」も、逆転の発想でヒット商品になりました。鍋といえば、家族や親しい仲間と囲んで団欒しながら食べるというイメージがありましたが、あえて1人前の鍋の素をコーヒーフレッシュなどでなじみのあるポーション容器に入れて、

「1個で1人分の鍋の素」

として発売。これが「個食」の時代に受けて、シリーズ全体で35億円の売上を記録する大ヒット商品となっています。

「引き算」ともいえますが、これも「鍋＝大勢で食べるもの」という常識をひっくり返すことで生まれたもの。それまでの固定観念をひっくり返すというプラスα企画の典型でしょう。

他には、ロングセラーのロッテ「雪見だいふく」は、「冬に売れる」アイスを目指して、開発されたもの。高嶺の花のアイドルを「会いに行けるアイドル」にした

ＡＫＢ48も、逆転の発想でＣＤ市場を席巻しました。また、「アイドルは笑顔を振りまくもの」といった常識をひっくり返した「笑わないアイドル」欅坂46も逆転の発想のひとつです。

扇風機の例でも紹介したダイソンの掃除機は、吸い取ったゴミをあえて見えるようにした結果、利用者は「ゴミをこれだけ吸い取った」という達成感を味わえるという新機軸。

これも「ゴミは隠すもの」という常識をひっくり返して「ゴミが見える」という新たな価値観を訴え、成功した例でしょう。まさしく逆転の発想から生まれたヒットです。

いかがでしょうか。こうした例が教えているのは、「これまでにあったもの」にちょっとした工夫をプラスするだけで、新たな付加価値が生まれるという事実です。

こうした発想の新企画は、すでにベースがあるため、ひと言で言えて、さらに見えやすい、とまさに鬼に金棒。しかも、かなりの確率でヒットにつながりやすい、企画の王道のひとつでしょう。

プラスαのネタを増やす

インプットなくしてアイデアは生まれない

「ベタ」にプラスαを加えて、新たな付加価値を生み出す。この時に欠かせないのは、**「プラスα」のネタをどれだけ記憶にストックしてあるか**です。

あるテーマに対して、自分がそれまでに蓄えてきた知識や経験をどれだけ加えることができるか、どれだけ多くの組み合わせをつくることができるかで、どれだけ発想が広がるかが決まります。

私の所属している日本放送作家協会の前理事長、秋元康さんは、「発想や企画というと、白紙の状態からウンウンうなるような感じがするが、実はそうではなくて自分が面白いと思ったことを思い出す、あるいは記憶に引っかかっていたことを拾い上げる行為なのである」と言っています。

ある時、ふっとひらめいたアイデアが、ストックしてある記憶に引っかかり、両者が頭の中で結びついた時、新しい発想や企画が生まれるのです。

つまり「記憶の引っかかり」が多いほど、新しい発想や企画が生まれやすくなるということです。

逆に言うと、**発想力、企画力を高めるためには、ふだんから「記憶のストック」を増やし、引っかかりやすくしておく**といいでしょう。

では、「ストック」を増やすには、ふだん、どんなことに気をつけていればいいのでしょうか。

私が実際に試していることやウケる企画を生み出せる人がやっている習慣を以下で紹介します。

「新聞」は最強のパートナーである

企画の材料を探すツールとして、最強のパートナーとなるのが新聞です。

政治、経済からスポーツ、事件まで、今、社会で起きているあらゆる事象を毎朝、届けてくれるなんて、本当にありがたい限りです。

最近はネットでニュースを読むから配達してもらわない、という人も多いようですが、そんな今だからこそ新聞を読んで差をつけましょう。ネットニュースは気になるニュースをクリックして読みますが、広げた紙の新聞からは、予期せぬ情報を拾い上げることだってできるからです。

たとえば新聞紙には書籍の広告なども載っています。日ごろはあまり興味を持たないジャンルの本が「10万部突破」という大見出しで広告として掲載されていたりする。そうした本は書店で立ち読みするだけでもいいので、ちらっと見ておく。こうした積み重ねでストックが増えていき、さらにストックの幅も広がります。

あるいは、求人広告から時代のニーズが感じられることもあります。こうした情報はネット配信のニュースからでは得られません。

ネットでも広告が表示されることはありますが、ネット広告は、検索や表示先から「その人がどんなものに興味を持っているか」を人工知能が分析した結果として表示される「ターゲティング広告」です。新聞広告のようにまったく自分と関係ない広告のほうが、気づきがあるのです。


そのほか、テレビ番組の視聴率ランキングや書籍の売れ筋ランキングなども時流を読む参考になります。

また、新聞の良いところは、一覧化されている点。ふだんあまり興味をもっていないジャンルのニュースにも目を通すことができることです。

こうした積み重ねによって、あなたのストックの幅は広がり、さらに深化していきます。

テレビ・雑誌からは「切り口」を学べ

テレビや雑誌では、世間の関心が高いニュースやトレンドを主にチェックします。

特にニュース以外のテレビ番組や雑誌では、**ニュースやトレンドを「どういう切り口」で扱っているか**に注意します。

それらはすべて企画会議を経て世に送り出されたひとつの「企画」だからです。**「切り口」とは、着想や見方、取りあげ方のこと。**

〝スイーツ〟をテーマにするとしても、「食べ放題」でいくのか「太らない」でいくのか、「切り口＝取りあげ方」次第で、内容は変わります。

切り口にもトレンドがあります。今、どう切るのが受けているのか、テレビや雑誌からはそれを学べるでしょう。

また、美容院に行くと、男性なら男性向けの雑誌、女性なら女性向けの雑誌が手渡されるでしょう。でも、こういう時こそ、ふだん読まない異性向けの雑誌をリクエストしましょう。

男性なら女性が、女性なら男性が今どんなことに興味をもっているのかというトレンド情報が得られますし、ふだんほとんど接することのない異質な情報に触れることで、記憶のストックの幅が広がるでしょう。

書店を歩けば「ニーズ」が見える

アイデアに困った企画マンが向かうべき場所、それは書店です。

それもあらゆるジャンルの書籍が大量においてある大型書店がオススメです。

今、取り掛かっている企画に関連する書籍はもちろん、直接、関係ないと思える棚で、意外なヒントになる本に出合うことも少なくありません。

秋元康さんは「さまざまなジャンルの記憶の引っかかりが頭の中で結びついて新しい発想が生まれる」と言いましたが、**書店でさまざまなジャンルの本を見ていると、その脳内作業が加速する**のを感じます。

この「脳内ひとりブレイン・ストーミング」にピッタリな書店があります。それは、全国にチェーン展開している「ヴィレッジヴァンガード」です。

本と一緒に、生活雑貨やインテリア、家具からプチプレゼント、パーティグッズまでが並ぶ、この書店の運営会社、株式会社ヴィレッジヴァンガードコーポレーションのホームページで、事業内容を見てみると「〝遊べる本屋〟をキーワードに、書籍、SPICE（雑貨類）、ニューメディア（CD・DVD類）を融合的に陳列して販売する小売業」とあります。

「遊べる本屋」

これも、やはり見えるひと言ですね。

脳に刺激を与えてくれるので、アイデアに詰まったら、ぜひ遊びに行ってみてください。ストレスがみるみるほぐれ、気分がスカッとしてくるころ、きっと思いがけないアイデアと出合えるでしょう。

また、**書店に行ったら必ず、ビジネス書のコーナーに足を止める習慣をつける**こともオススメです。

基本的に、ビジネス書は、何か課題を抱え、困っている人に解決策やそのヒントを提供する目的で書かれています。したがって、**ビジネス書の売れ筋から「今、世の中の人がどんなことに困っているのか」というニーズが見えてくる**のです。

たとえば「事業継承」に関する本をたくさん見かけたら、「世の中の人は今、事業継承に悩まされているのか」とわかります。

「教養」というワードがタイトルに使われている本が目立ったら、「今、多くの人が教養を身に付けたいと考えているのかな」と仮説を立てることができます。テレビマンであれば、そこから「世界で一番わかりやすい教養番組」の企画を考えることでしょう。

インターネットに頼りすぎるな

インターネット全盛の時代。必要な情報は、キーワード検索やハッシュタグ検索でだいたい入手できる、と豪語する人もいるでしょう。

でも、ネット上の情報は、何かしらのキーワードがあって初めて出会えることが多いもの。

つまり、**ネットは「気になった一次情報をもう少し深掘りしたい」という時に利用する手段**です。

自分の中では「必要だ」というレベルにまで浮上してきていないけれど、世の中では大きなうねりになっている情報は得にくいものだと理解しておくべきでしょう。

それを踏まえたうえで使うなら、ネットは今や情報ツールとして最強、不可欠だと言っても過言ではないかもしれません。

企画者として参考になるのは、Yahoo!ニュースやトピックス、LINEニュースといったポータルサイトや、SNSの1行トピックスです。

とりわけYahoo!ニュースは、1996年のサービス開始から四半世紀以上続く歴史を持ち、月間で約150億を超えるプレビュー誇るネットニュースサービスの草分け。特にトピックス編集部では、配信される約4000本もの記事の中からトピックスを選択して、わずか13文字の見出しを作るそうです。

この見出しが、ユーザーにクリックしてもらえるかどうかの分かれ目。ユーザーの興味を惹く見出しを1記事あたり10分ほどで考えると言われています。キーワードを落とさないようにしながら13文字にまとめるテクニックは、「ひと言」を作る際にも参考になります。

見出しと記事を読み比べることを習慣にすれば、要素を短くするコツがわかってきます。

街を新鮮な目で見てみよう

オリジナリティを出したいとき、何より役に立つ、とっておきのもの。それは、あなた自身の体験です。

新聞やテレビ、雑誌の情報は、その気になれば誰でも手に入れられます。なるべく街に出て、いろんなものを見て歩くことをオススメします。

と言っても、いつもの通勤路、いつものオフィス街を歩いているだけでは、脳に刺激を与えることができません。

思い切って旅行に出かけると、良い刺激になりますが、多忙な中では、それも難しい。

そういう時にオススメなのは、**自宅やオフィスからそれほど遠くない、でもまだ行ったことがない、縁もゆかりもない街をぶらりと訪ねてみる**ことです。

私は以前、東京・恵比寿にある放送作家事務所に所属していました。そのころ、用もないのに同じ事務所の仲間と赤羽まで足を伸ばしてみたことがあります。

JR埼京線でわずか20分ちょっと。それなのに駅前に降り立つともう匂いが違う。

街ゆく人も外国人のように見えます。居酒屋に入っても周りの人の会話に刺激を受け、夜もふければ、駅近くにちょっと怪しげなおネエさんまで立っている――私にとって、一種の〝世界ふしぎ発見〟でした。

もちろん、恵比寿と赤羽、どちらが良くてどちらが悪いということではありません。

とにかく、わずか電車で20分ちょっとの場所で、「非日常」が体験できると感激したのです。

赤羽への小旅行をした翌日から、いつも通っている恵比寿の街がちょっと変わって見えたのも、新たな気づきでした。

こんなふうに時々自分を刺激してみると、さまざまな発見があります。

わずか20分ちょっと、往復数百円で行ける観光旅行。こうしたワンデイトリップは企画脳に刺激を与えることでしょう。

何より楽しむこと――「一寸先は光」である

ここまで、クリエイティビティのタネ、つまりプラスαのストックを増やすいろいろな方法を紹介してきましたが、共通するコツをお伝えします。

それは、**「絶対、企画のヒントを探してやるぜ！」と焦らないこと**です。

血眼になって探しても、アイデアの神様はやってきません。

焦らないで楽しみながらストックしていきましょう。

「これ面白そうだ！」とアンテナに引っかかるものを見つけても、今、取り組んでいる企画に直接関係ないとスルーしてしまうかもしれません。

ところが、脳はとてもかしこいもの。自分では、スルーしたはずの情報もしっかり取り込み、どこかにストックしているのです。

だから、ひょんな時に、記憶の表面に浮かび上がってきて、企画を光らせてくれることがあるのです。

ひらめきは、特に意識していない時に、ふと「降りてきたり」「浮かんだり」「そこにいたり」するものです。

たいていは、臆病な子猫のようにひそかにたたずんでいるので、やさしく手をさしのべ、「そっとつかまえる」だけでいいのです。必死に、「つかまえてやるぞ！」と思うと、逃げ出してしまうかもしれません。

企画づくりは「一寸先が光」。私も何度となく体験しています。しかも、この光は、ほとんどの場合、記憶のストックから浮上してくるのです。

暗闇の中に徐々に光が差してくることもありますが、多くの場合、視界不良で、先が見えずモヤモヤしている時に、突然、光が差すようにアイデアが降りてくるのです。

ひらめきを得るための5段階

アイデアはある日突然、降りてくる！

繰り返しになりますが、企画を考えていると、突然、光が差したようにアイデアが浮かぶときがあります。

「突然のひらめき」

「アイデアが〝降りてきた〟」

表現はいろいろですが、どの言葉もまさにその瞬間の実感を見事に表現しています。

つまり、アイデアというものは、かならずしも、「アイデアを出そう」と意識を集中し、うんうんうなっても出てくるものではないのです。

では、私たちはアイデアという臆病な子猫が現れてくれるのを待つことしかできないのでしょうか？

そうではありません。

ある偉大な先人が、アイデアという子猫を呼び寄せるための秘密のノウハウを解き明かしています。

「アイデア」という名の子猫の抱きしめ方

その先人こそがジェームス・W・ヤング。102ページにも登場した、アメリカ広告界の大御所です。

そのヤングが1940年に出版して以来、世界中の企画マンのバイブルとなってきた『アイデアのつくり方』では、アイデアという臆病な子猫を呼び寄せるノウハウが5段階に分けて紹介しています。

『英会話体操』のアイデアがひらめいたときのことに当てはめながら、アイデアの〝つかまえ方〟を見ていきましょう。

第1段階『資料を集めること』

最初は「資料集め」です。

商品の広告企画であれば、その商品に関する資料はもちろん、ターゲット層についての資料も集めます。

「話題になる面白くて画期的な知育番組」という課題で番組企画を作るのであれば、「これまでにどんな知育番組」があったのか、過去の例を見るだけでなく通信教育講座や市民講座などで、いま、どんなジャンルにニーズがあり、それはなぜなのかについて調べます。

第2段階『資料を咀嚼すること』

第2段階は集めた「資料を咀嚼すること」です。

資料を読んで面白いと感じる部分にアンダーラインを引いたり、その要素をパソコンに入力してみたり、ふせんに書き出したりします。

その後、それらをどう組み合わせればよいのか、取捨選択しながら考えていくと、そのうちに徐々に焦点が絞り込まれていきます。

「話題になる面白い画期的な知育番組」であれば、当時「英会話をマスターしたい」というニーズが高かったこと、多くの人が英会話を習いながらも挫折していることに注目しました。そこから「面白い方法で英語が簡単に身につく番組」があったら受けるだろうと予想したことが、「英会話体操」の企画を〝つかまえる〟きっかけとなったのです。

第3段階『問題を心の中から放り出す』

第3段階では、いったん「企画」について考えることをやめちゃいます。映画を見に行ってもいいし、企画とはまったく関係のない本を読むのもいい。好きな音楽を聴いてもいいし、テニスなどで汗を流してもいい。

ともかく、あなたが心からリラックスできて楽しめるものをしてください。その間に、第2段階で咀嚼した情報が消化され始めるのです。

私の場合はぼうっと歩いているときにひらめくことが多いでしょうか。

第4段階『ひらめく！』

ヤングによれば「ひらめき」はその到来を期待していないとき、たとえばヒゲを剃っているときとか風呂に入っているとき、あるいは朝まだ目がすっかり醒めきっていないうちに訪れると言います。

アインシュタインも「一番いいアイデアが浮かぶのはヒゲを剃っているときだ」という言葉を残しています。

『英会話体操』のアイデアも、曙橋の公園でぼうっと少年たちがスケボーで遊ぶ様子を眺めているときに、突然、やってきました。

もしかしたら「スケボーは体に覚えさせることで上達するのかな」なんて考えたことがきっかけだったのかもしれません。そして「そうか、英会話とテレビ体操を組み合わせればいいんだ。英会話を頭ではなく筋肉に覚えさせる、というのはどうだろう！」と思いついたのかもしれません。

第5段階『アイデアを現実の世界に連れ出す』

いよいよ最後は「ひらめいたアイデアを現実の世界に連れ出す」段階。

アイデアは現実の太陽の光にさらされたとき、あまりにも現実離れしていると気づくことがあります。

しかし、ひらめいたアイデアが「あまりに現実的でない」と思っても、ここで諦めてはいけません。

よく右脳は発想を、左脳は情報処理をつかさどっていると言いますが、この段階では、右脳から出てきたアイデアを左脳がチェックしているのです。

「新しさ」と「実現可能性」のマトリクスで言えば、「新しさ」ばかりが高くて「実現可能性」が極めて左よりにある状態だと考えてみてください。

ですから、その新しいアイデアをなんとか座標軸の右側に持ってくるよう努めるのです。左脳はもともとネガティブな性質を持っていますから否定的な意見を右脳に返しますが、それを真に受けずに「どうすれば現実的なものになるか」、左脳にも協力させて右脳との二人三脚で考えましょう。

『英会話体操』の場合は失われていたパズルのピースのように、コンセプト的にも予算的にも深夜番組という枠にぴったりとはまりました。それは稀有なケースなのかもしれません。実際は、新しいアイデアほど実現性が低いケースがほとんど。

しかし、それが本当によいアイデアであれば「自分で成長する性質」を持っています。自分ひとりではどうしても現実化が難しいと思ったら誰かに相談してみましょう。よいアイデアは人を刺激するので、実現性を高めるために誰かが力を貸してくれます。「いいじゃん。絶対、モノにしようよ」のノリが生まれるのです。

それでも実現性が高まらなければ、それは「よいアイデア」とは言えないものだったということです。

もし、あなたのアイデアがそうであったら、もう一度、第一段階からやり直してみましょう。そのうちにきっとよいアイデアがひらめきます。


大事なのは、アイデアは常にそこにあると信じること。自分に見えていないだけ。もしかしたら今もあなたの足元にいて、ペロペロと毛づくろいをしながら、あなたがその存在に気づき、手を差しのべ、そっと抱きしめてくるのを待っているのかもしれません。

コラム

「メモをとる習慣」が脳内記憶を強化する！

どんなメディアから得た情報であろうと、どんな体験でアンテナに引っかかった情報であろうと、大切なのはそれを必ずメモにとっておくことです。

書店に行けばさまざまな「メモ術」の本がありますから、自分に合いそうなものをどれかひとつ、ベースとして自分のものにしておくといいでしょう。そのくらいなら、立ち読みでも読み取れるかもしれません。

私はバッグにコクヨのキャンパスノートを入れておき、そこになんでも無作為にメモしています。

ちなみに秋元康さんはメモをとらないそうです。メモしないと忘れるようなインパクトの小さなことはどうせ役に立たないからというのですが、それは秋元さんが天才だから。

私を含めて、凡人にはメモは必須アイテム、脳とは別のもうひとつの記憶装置です。

以前書き留めたメモをパラパラとめくっていると、「うわ、これ使えるのに忘れてた！」と冷や汗をかくこともしばしばです。

手書きのメモでなくてもいいでしょう。最近はスマホのアプリにもメモ機能がありますし、エヴァーノートのようなクラウドサービスもあります。音声入力も簡単なので、街を歩いている時にひらめいたことも記録できます。

ノート、スマホ、なんでもいいのですが、メモに書くことで記憶は強化され、それを思い出すことで、さらにそれが記憶に焼き付けられストックになります。メモ・ツールは企画マンにとって絶対欠かせないものだと心得ましょう。

メモをとる時はかならず、日付をいれておくことを忘れないでください。発想の流れが見えやすく、後から情報を追いかける場合もラクなことが多いからです。

エッカーマンの『ゲーテとの対話』（岩波文庫）にはこんな一文があります。

どの詩の下にも、いつ作ったものかという日付を書いておくことだね。そうしておけば、それがまた同時に君の心の状態の日記として役立つことになる。これはばかにならないことなのだ。私は何年も前からそうしてきているから、その重要性がよくわかっているのだ。

企画のひらめきの場合も、日付があると、後で見たとき、ひらめいた状況、子猫が隠れていたシーンまで蘇ってきて、企画書を書くときに一種のシズル感が増すのです。

メモには、自分のアンテナに引っかかったものを書き留めますが、さらにその後、かならずやってほしいことがあります。

それは「なぜ、自分はそれを面白いと思ったのか」を自問自答すること。

以前、打ち合わせで東京・江東区の東陽町にいったときのことですが、駅の近くに「昼キャバ」がありました。昼キャバとは、お日さまが沈んでいない昼間にオープンしているキャバクラのことです。

そもそも夜の商売であるキャバクラを逆転の発想で昼にオープンさせること自体、企画としては面白いのですが、繁華街でなく、なぜ東陽町という住宅街にオープンさせたのか謎でした。

キャバクラ通の友人に聞くと、定年を迎えたシルバー世代が結構通っているというのです。まだまだ元気いっぱいだけど、年金暮らしなので夜遊びはちょっとはばかられるというのでしょう。

さらに面白かったのは、求人面でもメリットがあると聞いたこと。親や夫の反対があり、夜の水商売はちょっとムリという女性でも、昼キャバなら「親バレ」「夫バレ」することなしに働くことができるというのです。な〜るほど！


東陽町の昼キャバには、ほかのビジネスにも応用できそうな潜在的な「需要と供給の掘り起こし方」のヒントが隠されていたのです。


あなたも「面白い」と引っかかったことはメモをとり、その後、かならず、「なぜなのだろう？」と自問自答してみてください。

そこには人の心を動かすための「本質」が隠されているはずです。ヒットしている、繁盛しているというなら、その本質はきっと「ひと言」でいえるはずです。

その本質はあなたの仕事に応用できないでしょうか。

「面白い！」と感じたことだけではなく、自分自身の日常の行動についても「なんでだろう？」と自問自答する習慣をつけると、そこから企画のヒントに気づくこともよくあります。

たとえばきょうのランチ。あなたはなぜ、そのお店に入ったのでしょうか。

お目当てのメニューがあったから。

すいていたから。

感じの良い店員さんがいるから。

値段の割においしいから。

誰か友人がおすすめしていたから。

あなたをその店に向かわせた動機の中に、かならず「企画のヒント」が見いだせるはずです。

さらに、あるメニューを選び、食べてみてどう感じたでしょうか？

なぜ、そのメニューを選んだか。

これも同様にメモをとりながら、考えてみると、別の領域にも使える企画のヒントが隠れていることに気づくでしょう。

店の印象、接客について感じたこと……。心に引っかかったことはすかさずメモるくせをつけておくと、企画に詰まったときなど、そのメモをひっくり返しているだけで、何かがひらめくこともよくあります。メモは企画のヒントの最強のストックなのです。

アイデアを生み出す技術

STEP 1　定番（ベタ）と組み合わせる

●ベタ×温故知新
（例）『あいのり』、「お見合い大作戦」、スピリチュアルブームなど

●ベタ×平行移動
（例）「ゴチになります！」など

●ベタ×プラスαの魔法
- 意外なものを足す
- 何かを変える
- 引き算する
- ひっくり返す

STEP 2　ネタのストックを増やす

●主なネタの仕入れ先
- 新聞━記事、広告、各種ランキング
- テレビ、雑誌━切り口に注目
- 書店━人々のニーズがわかる
- インターネット━情報の深掘り、ポータルサイトの1行トピックス
- 街━新鮮な目で眺めて自分だけの経験を
- メモ━「なぜ？」をメモに残して考える習慣をもつ
- その他日常生活全般━心に引っかかったことはすべてヒントになる

第４章

「ひと言」企画の発想法②
アイデアをひと言にまとめる技術

見える「ひと言」をつくり出す3つのステップ

アイデアに力を与えよう

第3章では、アイデア発想のコツをお伝えしました。

書いてあることを実践したあなたの頭の中には、早くも新しい企画のアイデアが浮かんでいるかもしれません。

アイデアを、企画として確実に実現し、ヒットさせるためには、「見えるひと言」が欠かせないことは、もうおわかりですね。

この章では、アイデアを「ひと言」にまとめるための3つのステップを紹介します。

かなり実践的な内容です。ぜひ今日から使ってください。

ステップ1 「なんのために・なにを・どうする」

アイデアの「下ごしらえ」をしよう

まずは、思いついたアイデアを、

なんのために なにを どうする

という枠に当てはめることから、「ひと言」づくりは始まります。

それぞれの枠に具体的な言葉を入れてみましょう。

もしかしたら、頭の中にはすでに企画のディテールまでが浮かんでいるかもしれません。

しかし、「ひと言」をつくる時は、この枠に入らないものはいったん無視すること。

これが最大のポイントです。

「次世代型のトークショー」「まったく新しい情報バラエティ」といった抽象的な言葉はNG。これらの言葉は、テレビ番組の企画書でも時々見かけますが、何をもって「次世代型」とするのか、何が「まったく新しい」のか、さっぱりわかりません。それでは、「見えるひと言」とは言えないでしょう。

いくつか具体例をご紹介しましょう。

「ニンテンドースイッチ」ならば、

スマホゲームに不満な人のために 据え置き型ゲームを 持ち運べるようにする。

欅坂46なら、

新しいアイドル像を作るために アイドルを 笑わない存在にする。

ジェルボール型洗剤であれば、

多忙な女性のために　ジェルボール型洗剤を　日本で使えるようにする。

となるわけです。

いかがでしょうか？

どのように当てはめればいいか、なんとなくイメージいただけたのではないかと思います。

ニーズ（なんのため）にフォーカスしよう

「なんのために」「なにを」「どうする」

この3つにアイデアを当てはめられたら、次の段階。

この段階でいちばん大切なのは、「なんのために」。つまり、企画の主旨、企画の目的です。

企画とは「世界を進化させるもの」です。

それを「ズバリ！」言い表すものが、この目的に当たるのです。

実を言うと、「なんのために」は、企画書やプレゼンで使う「見えるひと言」には含まれません（もちろん、企画書の〝企画意図〞として説明は必要です）。

しかし、「ひと言」をつくる最初のステップでは、絶対に欠かせないといってもいいくらい、大切な要素なのです。

「この企画は誰の役に立つのか」

「どんなふうに世の中をよくするのか」

「誰を笑顔にするのか」

こうした「そもそもなんのために？」という企画の目的を強く意識していないと、つくり出した「ひと言」が独りよがりなものになってしまいます。

それでは、人の心を動かせない――つまり、通らない、実現しないNG企画で終わってしまうのです。

たとえば「醤油を透明にする」というアイデアを思いついたとします。

「透明な醤油」は、確かに今までにないし、テレビの世界であれば、どっきり番組とかに使えて面白いし、盛り上がりそうな気がします。

しかし、企画を考える場合は、販売ターゲットを含めた商品の企画意図が明確でなければ、話になりません。

「なんとなく面白いと思って……」だけでは企画として成立しないのです。

「醤油を透明にする」というアイデアで言えば、「こぼしてもシミにならないために」という構図が成り立てば、企画は実現するかもしれません。


また、「郵便ポストを黄色くする」というアイデアがあったとしましょう。

このひと言だけを見ると、「実現可能性×新しさマトリクス」の左上にある「面白そうだけど実現しない」「新しいけど、よくわからない」というだけで終わり！

しかし、「ポストにＡＥＤ（自動体外式除細動器）を設置して、それがわかるように黄色くする」という目的であれば、ポストを黄色にすることに意味が生まれ、企画としても成立するというわけです。

ちなみに、ポストの色は国によって異なり、フランス、ドイツ、スペインなど一部のヨーロッパ諸国ではポストは黄色。日本でも、ＪＲ本土最南端駅・西大山駅には黄色いポストが設置されています。

「なんのために」がない企画はうまくいかない

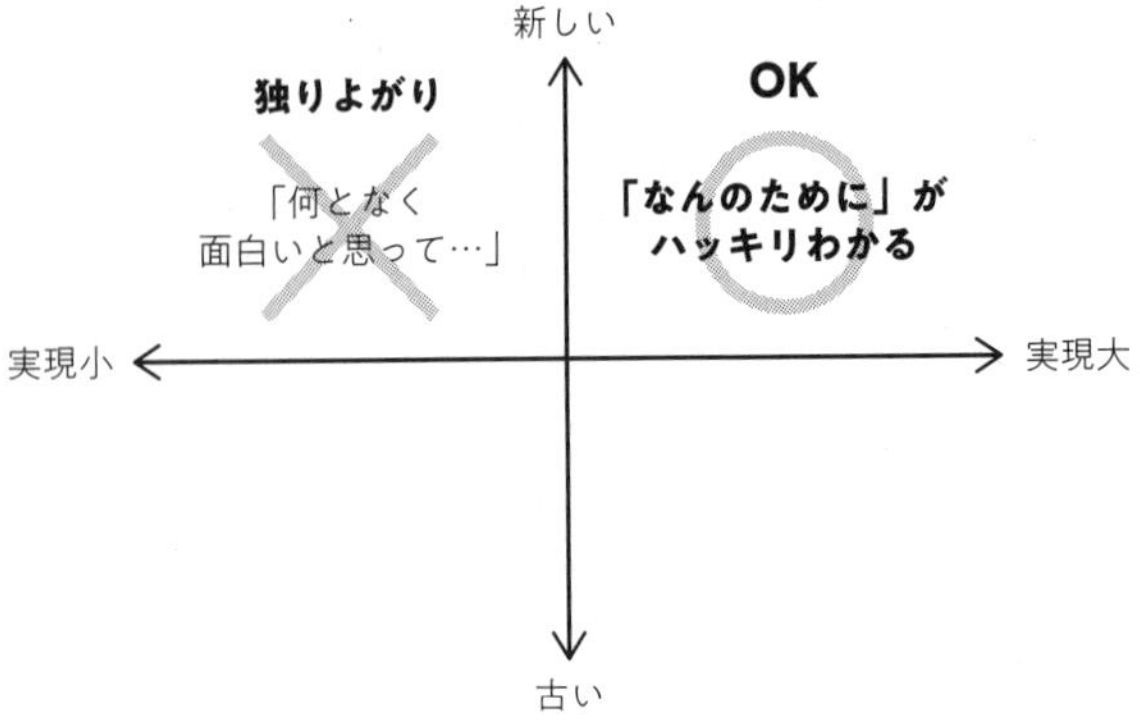

この黄色いポストに投函して手紙を送ると、相手に「愛」が届くという趣向です。

西大山駅の黄色いポストは、

相手に愛を届けるために ポストを黄色いものにする。

と、ちゃんと3つの枠を満たすことができ、企画として成立していることがわかります。

企画は「なんのために」から考えたほうが説得力をもつ、筋の通ったものになります。

「なんのために」を考えるということは「今、足りないもの」「今、不便なもの」「今、不満なもの」、つまり「今、欠けているもの」に想いを馳せ、その欠けている空白を埋めて少しでも世界をよくしたいと思うこと――私はそう考えています。そんな想いのこもった企画は必ず多くの人の共感を呼びます。だから、実現しやすく、ヒットの確率も高いのです。

ステップ２　「定型の３Ｃ」に当てはめる

「なんのために」はいったん心の中にしまう

ステップ１でアイデアを、「なんのために」「なにを」「どうする」の３つに当てはめられたら、次の段階に進むために「なんのために」を外します。

「ニンテンドースイッチ」ならば、

据え置き型ゲームを　持ち運べるようにする。

欅坂46なら、

アイドルを　笑わない存在にする。

ジェルボール型洗剤であれば、

ジェルボール型洗剤を　日本で使えるようにする。

となるわけです。

これを次に挙げるパターンに当てはめて、どれがもっともしっくりハマるか試してください。大別すると「3つのC」に分けることができます。

1　compare（たとえる・なぞらえる）

＊＊＊＊＊＊＊　な（ような）　＊＊＊＊＊＊＊

2　can（〜できる）

*******　する（できる）　*******

3　change（〜に変える）

*******　を　*******　に

*******　から（でなく）　*******　へ

アップルのiPodなどは1の「compare」のパターン。というのも最終的に「ポケットに1000曲を」とブラッシュアップされていますが、その前段階はこちらだから。

ポケットに入る　ような　大容量タイプのデジタル音楽プレイヤー

「ニンテンドースイッチ」ならば、２の「ｃａｎ」パターン。

持ち運びが　できる　据え置き型ゲーム

欅坂46であれば、３の「ｃｈａｎｇｅ」パターンになります。

笑顔を振りまくアイドル　から　笑わないアイドル　へ

あなたのアイデアは、どのパターンに当てはめるのが、もっともしっくりくるでしょうか？　ステップ１で分類した「なにを」「どうする」を実際に試してみましょう。

ステップ❸ 極限までブラッシュアップする

短い言葉にパワーは宿る

最後に、作った言葉をブラッシュアップしていきます。ブラッシュアップとは、文字通りブラシをかけて磨き上げること。

第1章で「見えるひと言はキャッチコピーではない」と述べたように、「企画を通すためのひと言」を作る段階なので、それほど言葉に凝る必要はありません。「なんのために」「なにを」「どうする」のがあなたの企画なのか、その本質をブラッシュアップしながら短い言葉にぎゅっと圧縮してください。

言葉は短いほど強いと書きましたが、「短く言い切る」と虫眼鏡で紙の黒点を焼くのと同じで、焦点が絞り込まれて言葉の温度が高くなる、つまり、パワーのある「見えるひと言」になるのです。

多くの情報がぎゅっとつまった言葉＝概念化された言葉

では、どうやって短い言葉の中に本質的な情報を凝縮できるのでしょうか。そのコツは、いったん説明対象を抽象化することで本質に迫り、概念化していくことです。概念化と聞くと、難しく感じるかもしれませんが、身近な例で言えば、コンセプトがそれに該当します。

コンセプトを日本語に訳せばまさしく「概念」になります。

たとえば、有名なｉＰｏｄの「ポケットに１０００曲を」というコンセプト。この短い言葉の中には、「どんな携帯プレイヤーよりも軽量コンパクトで、しかも音飛びもなく、大容量でバッテリーも長持ちする」といった様々な要素が、ぎゅっと凝縮されています。

スターバックスコーヒーの「サードプレイス（第３の場所）」もそうです。

第１の場所である家庭でも、第２の場所である職場や学校でもない、３つ目の居場所になる。

そのようなメッセージをぎゅっと「サードプレイス」の7文字に凝縮しています。「ポケットに1000曲を」も「サードプレイス」も、具体的な言葉の中に、目に見えない本質を落とし込んだものといえます。

ただビジネスシーンでの説明なら、「ポケットに1000曲を」「サードプレイス」などと、そこまでスタイリッシュにする必要はありません。

もっとより具体化された、普通の言葉で本質を言い表せばよいのです。

「ひと言で言うと？」に答えるのが、概念化された言葉

仕事でもしばしば「概念化された説明」が求められることがあります。

忙しいリーダーは、長い説明を聞いたとき、よく「ひと言で言うと何だ？」と尋ねます。

このときに求められている「ひと言」こそが、本書で言う「本質的な情報がぎゅっとつまった」概念化された説明です。

では、短い説明に多くの情報がぎゅっとつまった、概念化された表現は、どのようにしたらできるのでしょうか。


結論から言いましょう。

短い説明に多くの情報がぎゅっとつまった、概念化された説明は、「情報を抽象化したうえで整理・統合していく」ことでできあがります。もっと簡単に言えば、国語の授業で習った「要約」です。

「抽象化」を辞書で引いてみると、反対語として「(両矢印) 具体化」が挙げられていました。ですから抽象化とは、具体的な言葉ではなく、ざっくりと単純化してみることです。

たとえば、「スコティッシュフォールド」「ベンガル」「マンチカン」「ノルウェージャンフォレストキャット」。これらをざっくり単純化すると「猫」と抽象化することができます。

さらに「ペット」↓「ほ乳類」↓「動物」などと抽象度を上げることもできます。ですが、あまりにも抽象度の階層を上げ過ぎてしまうと「生物」などと、具体性がまったくなくなりますので、手触り感の残るレベルまで、ざっくりと単純化することが必要です。

ひと言を作るときも、あなたなりの「なにを」「どうする」を10文字以内のキーワードになるまで単純化してください。これも正解はありません。ですから、あなたなりの言葉でまとめてみましょう。

カップヌードルを抽象化してみると

「抽象化」と聞くと、難しそうに思われるかもしれませんが、やり方はとても簡単です。「要するに、これって何なのか？」と自問自答しながら、より短く抽象化された言葉に丸めるだけです。

試しに「カップヌードル」の特徴をプレスリリースで伝えると仮定して、いったん短くまとめてみましょう。カップヌードルの特徴は、次のようなものです。

● 世界で初めてのカップ入りラーメン

●かやくはフリーズドライのむきエビ、ネギ、スクランブルエッグに類似したタマゴ、味の濃いミンチ肉（成型肉）の組み合わせ

●麺をカップに入れたことで鍋もどんぶりも不要、場所を選ばずに食べられる

それぞれを「要するに、これってどういうことなのか？」と、自問自答しながら抽象化してみます。

●世界で初めてのカップ入りラーメン

←

「世界初のカップ麵」

●かやくはフリーズドライのむきエビ、ネギ、スクランブルエッグに類似したタマゴ、味の濃いミンチ肉（成型肉）の組み合わせ

←

「袋入りのインスタントより、本物のラーメンっぽい」

←

「本格的」

- 麺をカップに入れたことで鍋もどんぶりも不要になった
　←「手間がかからない」「場所を選ばずに食べられる」
　←「簡単便利」「いつでも、どこでも」

　このように「世界で初めてのカップ入りラーメン」は「世界初のカップ麺」に要約できます。「かやくはフリーズドライのむきエビ、ネギ、スクランブルエッグに類似したタマゴ、味の濃いミンチ肉（成型肉）の組み合わせ」は、袋入りのインスタントより、本物のラーメンっぽいので「本格的」とできるでしょう。

「麺をカップに入れたことで鍋もどんぶりも不要になった」は、手間がかからない、つまり「簡単便利」と短くできます。

　また、「鍋もどんぶりも不要」で「場所を選ばずに食べられる」は、「いつでも、どこでも」と表せます。

抽象化した、これらのキーワードを統合すれば、カップヌードルの特徴は次のように短く言い表すことができます。

世界初！　いつでもどこでも食べられる簡単便利な本格的カップ麺

こうした「ひと言」にすれば、少ない字数でより多くの情報を内包できるのです。「ひと言」がつい、長くなってしまう方は、ぜひお試しください。

アイデアを短くまとめるテクニック

アイデアを短い「ひと言」にまとめるためには、ちょっとしたテクニックもあります。それを以下に紹介しましょう。

言葉を短くするテクニック①「略語」にする

言葉を短くブラッシュアップしていく上でもっとも簡単なのは、「略語」にしちゃうこと。「ファミリーレストラン」を「ファミレス」、「アラウンド・フォーティー」を「アラフォー」、「合コンやお見合いパーティへの参加、結婚相談所や情報サービス会社への登録など結婚相手を見つけるための積極的な活動」を「婚活」と略すのはもはや一般的ですね。

あなたの言葉も略せるならば略してください。

ただし、その略語が認知されていることが最低条件です。最近、やたらとテレビにでてくる〝ゆるキャラ〟の中に「尼崎のちっちゃいおっさん」がいます。ご自身は「略して尼ちゃん」といっていますが、略語の認知度がまだ低いので、いきなり「尼ちゃん」といっても伝わりません。

「造語」にも注意します。「アラフォー」をもじった「アラフィフ」くらいならまで伝わりますが、還暦近くを「アラカン」といった場合、わかる人にしか伝わりません。

伝えることが第一条件なので、企画採用者に理解されるレベルの略語でブラッシュアップしましょう。

言葉を短くするテクニック②「たとえる」

言葉は「これまでにあった」なにかに「たとえる」と説明が不要となり、一気に短縮できるケースがあります。

その究極の奥義、言いたいことを、短く、ずばっと、伝えるのに効果的なのが、伝えたいことを「比喩」で表現する手法です。

たとえば、「どうでしょう。あなたもこの夏、全日空に乗って沖縄に行って健康的に日焼けしてみませんか」というコマーシャルも、キャッチコピーの世界では「トースト娘ができあがる」というひと言で、より魅力的に短くいうことができます。

またiPodの「小さくて薄い」「走っても音飛びしない」「最高10時間連続再生できる」という特徴を「ポケットに入る」とひと言で表現するのも比喩表現の一つです。

テレビの世界にも、伝えたいことを、何かにたとえて端的に言い切る達人が何人かいますが、そのセンスにおいてナンバーワンなのが「くりぃむしちゅー」の上田晋也さんです。無理難題をふっかけてくる相手には「かぐや姫か!」とひと言。このセンスは見習いたいものです。

上田さんのような天才的なたとえを、脊髄反射のようにやれといわれてもできません。

しかし日常で「これって、まるで×××みたいだよなあ」と思ったりすることは誰でもあるはず。そうしたことをメモしておけば、ひと言で、ずばっと本質を面白く言い表す言葉として使えます。あなたの長い説明、何かにたとえることはできませんか?

言葉を短くするテクニック③「パロディ・ダジャレにする」

これまでにあったもののパロディや、それを使ったダジャレも「見えるひと言」に利用すれば、端的に本質を表すことができます。

その最高傑作が、ホイチョイプロダクションズが1994年に発刊した『東京いい店やれる店』でしょう。これはもともと67年に創刊した、日本でもっとも歴史のあるグルメガイド『東京いい店うまい店』のパロディですが、本家がなんだったのか忘れてしまうほどヒットし続け、今や女性版の『東京いい店やられる店』というパロディのパロディまで生まれています。

この『東京いい店やれる店』も、本家の力を借りたからこそ「女の子をデートに誘って食事すれば、落とせるお店を紹介する本です」という、面倒な長い説明なしに、ひと言で「どんな本か」を端的に表せたのです。

テレビの世界でうまいなあ、と思ったのはNHKらしからぬシュールな笑いを展開していたコント番組『サラリーマンNEO』のコーナー企画、「世界の社食から」。

世界的に有名な企業の社員食堂を訪ねる番組で、おわかりのようにテレビ朝日の『世界の車窓から』のパロディです。

この企画はもともと「となりの社員食堂」というタイトルだったとか。でも、それではピンときませんよね。ところが「世界の社食から」と言うと、まるで『世界の車窓から』のようなゆったりした音楽とともに、インドのIT企業のエリートビジネスマンたちがタージマハルを見下ろす超高層ビルの社食で、ナンやヨーグルトで和えたサラダでも頰張りながら談笑している風景が浮かんでくるようです（そんな回があったかどうか知りませんが）。

パロディにすると、「これまでにあったもの」の力を借りることで見えてくるのです。

そういえば、私もパロディの力を利用して企画を通したことがありました。

フジテレビの『めざましテレビ』が、京都にメインスタジオを置いて放送したときのことです。そのとき、私が提出した企画は、番組開始当初からいまも続くレギュラーコーナー、「きょうのわんこ」をパロディにしたもので、「京の舞妓」というものでした。わかりやすいですよね。

つくった「ひと言」は必ず見直そう

「ひと言」を見直す3つのポイント

これまでの3つのステップで、あなたのアイデアは「ひと言」にまとめられたはず。

しかし、いったんつくって終わりではありません。「ひと言」は、企画を実現するかどうかを決める、欠かせないもの。だから、さらに磨きをかけるため、つくった「ひと言」は、必ず見直しましょう。

以下では、その際の3つのポイントを紹介します。

☑「目的（なんのために）」はあるか？

繰り返し書いてきたように、「企画とは世の中をよくするためのアイデア」です。今はまだ足りないものがあるけど、あなたのアイデアで少しでもよくしていく。それこそが、価値ある新企画と呼ぶにふさわしいものです。

あなたが精査し、つくり上げた「ひと言」、つまり、新しく通そうとしている「企画」をあらためてチェックしてみましょう。

万が一にも、誰の役にも立たない独りよがりの企画になっていないでしょうか。

☑「実現可能性」と「新しさ」はあるか？

次に、あなたのひと言を１０１ページのマトリクスに当てはめてみましょう。実現性の新しさのバランスはとれていますか？

マトリクスに当てはめると、それこそ、企画の良し・悪しが「見え」てきます。

チェックは次のように行います。

「実現可能性」と「新しさ」のそれぞれを10点満点で評価してみてください。

自分で客観的に評価をするのが難しければ、仲間や同僚に採点してもらうとよいで

あなたのアイデアはうまくいく？

●診断方法

アイデアの「実現可能性」と「新しさ」を

＊それぞれ10点満点
＊客観的に評価してくれる人に頼むのもOK

点数を出す

実現可能性 ×　**新しさ**
（10点満点）　（10点満点）

50点以上
合格

50点未満
まだまだ…

しょう。その結果、「実現可能性の点数×新しさの点数」が50点を超えていたら合格です。

この数値は企画が通る可能性、パーセンテージにも置き換えられます。つまり「実現可能性」「新しさ」ともに10点ならば「10×10＝100」。100％通るポテンシャルのある企画であるといえる、ことになります。

どちらかが「ゼロ」であれば8をかけようが10をかけようが、通る可能性は0％になってしまいます。

もちろん、あくまで「目安」に過ぎませんが、企画のチェック方法としてはかなり有効で、「点数」と結果はかなりの割合で一致しています。

ちょっと怖いかもしれませんが、ぜひとも、試してみてください。

☑「さらなるアイデアを引き出す空白」はあるか？

ひと言ですべてを語ることはできません。またひと言ですべてを語る必要もありません。キャッチーでありながら「それってどういうこと？」と受け手が思う「空白」があることも大事な要素です。あなたのひと言に「空白」はあるでしょうか。

たとえば「会いに行けるアイドル」。いつ、どこで、どんなふうに会えるかまではひと言ではいえませんし、いう必要もありません。

空白があると人間は本能的にその空白を埋めようと考え始めます。そうして企画採用者やスタッフにも一緒に考えさせる。これが空白を作る最大の狙いです。

なぜなら一緒に考えることで、その人も「協力者」として企画に巻き込むことができるからです。

前にも述べましたが、企画の「企」を音読みにすると「たくらみ」です。「ひと言」を聞いた人を、そのたくらみの共犯者にしてしまえば、企画が実現するだけでなく、もっとよくするためのアイデアを考えてもらうこともできるのです。利用しない手はありませんよね。

練習問題

この企画を〝ひと言〟で言うと？

アメリカ人が訪問したい観光地で1、2を争うのがネバダ州のラスベガスです。ラスベガスは80年代の初頭までマフィアが支配していたギャンブルの街でしたが、現在は世界的に有名なコンサートやミュージカルが催されるとともに、国際会議や見本市なども開かれる文化、経済の発信地に生まれ変わっていて、ファミリー層を中心に年間に4000万近い観光客が訪れるそうです。

Q　それではここで問題です。

あなたは、ラスベガスがまだ「砂漠の不夜城」と呼ばれていた時代にいます。その「ダーティーなイメージを払拭して、より多くの人に訪れてもらえる街に変えよう」という企画を通すとしたら、どんな「ひと言」を作りますか？

目指すのはディズニーワールドのように世界中から家族連れが集まってくる街です。

・ステップ1「なんのために・なにを・どうする」
・ステップ2「定型に当てはめる」
・ステップ3「極限までブラッシュアップする」
〜この3つのステップに従って「見えるひと言」を作ってください！

ステップ1「なんのために・なにを・どうする」

ステップ1に当てはめれば、家族連れにも楽しんでもらえる街にするために「ギャンブルの街」というダーティーなイメージを　ディズニーワールドのような「テーマパーク型リゾート」に変えるとなります。

ステップ2「定型」に当てはめる

定型に当てはめるなら、この場合、もっともしっくりくるのは「change」パターン、＊＊＊＊＊＊＊ から（でなく）＊＊＊＊＊＊＊ へ
〜の型ではないでしょうか。
つまり、「ギャンブルの街」というダーティーなイメージから　ディズニーワールドのような「テーマパーク型リゾート」へとなるでしょう。

ステップ3「極限までブラッシュアップする」

これをブラッシュアップすれば

「ギャンブルの街から、テーマパーク型リゾートへ」

となります。

もちろん、正解はひとつではありません。

たとえる・なぞらえるの「compare」パターンに当てはめて、

「ディズニーワールドのような街」

としてもよいでしょう。

短いひと言の中に「ギャンブルの街」ではなく、街全体がディズニーワールドのような家族ぐるみで楽しめる総合エンターテインメント都市に生まれ変わるのだ、というビジョンが見えればよいのです。

第5章

「ひと言」を強く、確実に伝えるために

ひと言で企画を通す

ひと言を〝企画書〟に活かす

いよいよ最後の章です。

第4章までで、あなたのアイデアを実現するための最強の武器「見えるひと言」がつくれたはず。次は、いよいよそれをオープンにする段階です。


企画につきものなのは、企画書。

「どうやって企画書にまとめればいいですか?」

これは、よく聞かれる質問です。


企画書の体裁について、私は「読みやすければ、なんだっていい」と考えています。

さまざまなフォントを駆使した七色の文字で書かれた企画書や写真・イラストがたくさん入った美しくてセンスのいい企画書を見たこともありますが、企画書の体裁に凝る時間があったら、ひと言を磨く時間に充てたほうが賢明です。

読みやすければ1枚でもいいし手書きだっていい。筆で書いてもサインペンで書いてもいいのです。

正直なところ、自信のあるひと言ができたら、企画書にまとめなくてもいいくらいです。

クリエイティブディレクターの箭内道彦さんが、先輩に「割り箸の袋の裏に書いてできないプレゼンはダメ」と言われたように、極端な話、割り箸袋に書かれていても実現する企画は実現するのです。

大事なことは体裁よりも、伝えるインパクト。

企画書に落とし込む時も、「見えるひと言」を企画書のいちばん目立つところに掲げることが大事なのです。

タイトルを「見えるひと言」にしてもいいし、タイトルを表記し、「見えるひと言」

をサブタイトルとして掲げてもいい。

複数ページの企画書ならば、表紙の次の1ページにその言葉だけを印字し、強烈にアピールするのもいいでしょう。

伝え方の黄金パターン「ナナヘソナスの法則」

企画書は〝⁉⇒？⇒！！！⇒‼〟で作る！

企画書の書き方については「起承転結」とか「序論・本論・結論」とか、いくつもの型が提案されていますが、こうした「理屈」は忘れてしまってかまいません。

それらはあくまで「型」。何を書くかという目的が欠けているため、かえって企画のキモがどこかに行ってしまうことが多いのです。

大事なことは、「受け手が読んでどう感じるのか」。一にも二にも、受け手の心の動きに沿った書き方を心がけることです。

その書き方のコツを、私は「ナナヘソナスの法則」と名づけています。

「ナナヘソナス」とは、

❶「なになに⁉」
❷「なんで？」
❸「へえ！」「そう！」「なるほど！」
❹「すっきり‼」

という、受け手の４つの気持ちの頭文字。
受け手の心が「関心を持つ（なになに⁉）」↓「疑問を抱く（なんで？）」↓「納得していく過程（へえ！そう！なるほど！）」↓「共感（すっきり‼）」と動く流れです。

これを記号だけで表すとこうなります。

⁉ ⇓ ？ ⇓ ！ ！ ！ ⇓ ‼

それぞれについて説明します。

⁉（なになに⁉）

「なになに？」と関心を惹きつける役目を果たすのが「見えるひと言」です。たとえば「笑わないアイドル」「羽根のない扇風機」などと書いてあると「なになに⁉」と思わず関心を惹きつけられてしまいませんか。

それは全体像を言い表していながら、どこかに「情報の空白」がある言葉だからです。人間は本能的に「空白のある情報」を聞かされると、その空白を埋めたいという気持ちになる。つまり思わず関心を抱いてしまいます。

また「アイデアは異質な情報の組み合わせである」と何度も書いてきましたが、見えるひと言はそれをまとめたものなので受け手は違和感を覚えます。その違和感は「心に引っかかる」と言い換えてもいい。

つまり「フック」がかかった状態になるのです。

ですから企画書の冒頭部分に効果的な「見えるひと言」があると思わず続きを読みたくなります。

？（なんで？）

見えるひと言で受け手が「⁉」という気持ちを抱いたら、一度、「？」をダメ押ししたあとですぐに謎解きを始めていきます。なぜなら受け手は長時間の「空白」には耐えられないからです。

たとえば「羽根のない扇風機」なら「なぜ〝羽根のない扇風機〟なのでしょうか？」と強調した上で「それは～」と続けていきます。

前章の「ステップ2」で「見えるひと言」を作るとき、「なんのために」をいったん外したことを思い出してください。いよいよ、「なんのために」の出番です。

「企画意図」とか「企画の狙い」「企画の背景」といわれるパートに移り、ここに「誰にどう役立つのか」「どんなふうに世の中をよくするのか」「誰を笑顔にするのか」を「なぜいま、このタイミングでこの企画なのか」、つまり、「なんのために」をまとめるのです。

ダイソンの「羽根のない扇風機」の企画意図なら、「なぜ〝羽根のない扇風機〟なのでしょうか？ その理由は利用者から寄せられる声です。『子どもが羽根で怪我をしないか心配』『羽根の部分の掃除が面倒』『かさばって重いので冬場の収納が大変』といった声を聞くと〝羽根のない扇風機〟が求められていることがわかります」

……といった書き方になるでしょう。

あなたも「見えるひと言」を作る過程で、「なんのために」についても、しっかり考えたはずです。それを「？」という受け手の疑問に答えるカタチで簡潔に書いてください。

！・！・！（へぇ！ そう！ なるほど！）

企画書の「企画内容」にあたる部分です。

ここでは受け手の心に浮かぶ「そんなことが可能なのか」「そんなのが受けるのか？」「どんなメリットがあるのか」といった疑問を想定し、それらをバッタバッタと消していく「内容」を書いていき、納得へと導きます。

〝羽根のない扇風機〟であれば、「羽根がなくても気流を生み出す仕組み」「電機代が従来の扇風機の10分の1で済む」「モーターを使用しないため台座も軽くできる」の3つのポイントで、受け手に「へえ！」「そう！」「なるほど！」と思わせるのです。

スティーブ・ジョブズのプレゼンは必ず　3つのポイントを挙げる形式だったそうです。ジョブズを見習って、企画内容の説明は、3つぐらいのポイントに絞り込んで書くようにしてください。

1つや2つだと「なるほど！」までたどり着くのは難しいでしょう。かといって5つも7つもあると、受け手は「面倒くさく」「ややこしい」、さらには企画が練りきれていない、とネガティブな印象を持たれてしまうこともあり得ます。もっと簡潔に、3項目程度の箇条書きにするという手も有効でしょう。

‼（すっきり‼）

「へえ！」「そう！」「なるほど！」と思わせたら、そのあとに余計なことを書く必要はありません。ここではもう一度、「見えるひと言」を書くだけです。

「だからこそ〝羽根のない扇風機〟なのか」「だからこそ〝筋肉に英語を覚えさせる〟のか」「だからこそ〝笑わないアイドル〟なのか」、そう思わせてすっきりさせて締めくくります。

「通る企画の形はらせん構造である」といいましたが、実はこの「ナナヘソナスの法則」も「らせん構造」をしています。

最初に書いた「見えるひと言」がぐるっと回って最後に戻ってくるわけです。しかも、最初は「!?」でしかなかったひと言に付加価値がついていき、最後は「‼」という高みに至っているのです。

それも、受け手はほとんど気がつかないうちに……。

あらためて、いまいる位置から「!?」のスタート地点を見下ろすと、自分がいまいる位置の高さ、この企画がどれほど優れているかが実感できます。

こうなれば、企画者の勝利！は疑いありません。

受け手は一歩、ひざを乗り出し、「うん、いい企画だ!!　よし、すぐにやってみよう」とゴーサインを出すこと、間違いなしです。

この例からもわかるように、企画書は「!?」⇓「?」⇓「!」「!」「!」⇓「!!」で書けば、かなりの確率で通ります。それは読む人の心の動きに呼応しているからなのではないでしょうか。

ケーススタディ　『英会話体操』の企画書をつくろう

最後にケーススタディとして『英会話体操』の企画書をつくってみます。具体的に見ていきましょう。


〈タイトル〉

『英会話体操 Lets! ZUIIKIN' ENGLISH　～筋肉に英語を覚えさせる～』

〈企画意図〉

なぜ筋肉に英語を覚えさせるのか？

それは英会話をマスターしたいと考えながら挫折する人が少なくないからです。

なぜ挫折してしまうのでしょう？　私は頭で覚えようとするからだと考えます。

この番組では体操をしながらリズムに乗って、頭でなく筋肉で、英会話を楽しく覚えることができます。

〈企画内容〉

1．体操スタジオで3人の女性が英会話のフレーズを声に出しながら体操します。

2．シチュエーション別の会話

レストランでの食事や劇場での観劇、ショッピングなど毎回シチュエーション別の会話を体操しながら紹介します。

3．シチュエーション別の体操

そのシチュエーションでよく使う筋肉（随意筋）に英語を覚えさせます。

重い荷物を持つ買い物なら僧帽筋、手を使う食事なら上腕筋を使う体操をするわけです。

〈まとめ〉

さああなたも筋肉に英語を覚えさせましょう！　Lets! ZUIIKIN' ENGLISH!

見えるひと言を〝神話の法則〟でプレゼンする！

企画のプレゼンテーションも、「ナナヘソナスの法則」に従って構成すれば、説得力が増します。

話す際に意識するのは、「ストーリー性を持たせる」ということ。参考にするのは「スターウォーズ」です。

第2章で「ハリウッド映画のストーリーには10のパターンしかない」と書きましたが、中でも定番中の定番が、「スターウォーズ」に代表される「神話スタイル」です。

「神話スタイル」とは、ひと言で言うと、「何かが欠けた主人公が冒険の旅に出て賢者の助けを借りながら試練を乗り越え、宝を持って帰ってくる」というものです。

このスタイルは、世界各地に伝わる神話（たとえば少年が旅に出て、ふくろうに知恵を借りながら、試練を乗り越えて火を持ち帰るなど）と同じ構造をしていることから、「神話の法則」と呼ばれています。

あなたの好きなハリウッド映画も同じ構造で、テレビ番組もよくこの構造で構成されています。

私が台本を担当したテレビ東京系の『愛の貧乏脱出大作戦』などは、もうそのままです。

流行らない貧しいラーメン屋の主人（何かが欠けた主人公＝ルーク・スカイウォーカー）が、達人（賢者＝オビ＝ワン・ケノービ）の助けを借りながら修行をして（試練を乗り越えて＝デススターでの危機を乗り越えて）、繁盛店にする（宝を持ち帰る＝レイア姫を助け出す）というスタイルです。

神話というのはためになるから世界各地で語り継がれているのではなく、面白いから語り継がれてきたのです。つまり、神話の構造は、人間のＤＮＡレベルで「面白い」と感じる構造なのです。だからこそ、興行的な成功が使命とされるハリウッド映画で、もっとも多く使われるシナリオ構成の一つになっているのです。

プレゼンにこの構造を活かせば……。会議室中に、「面白い」という反応が湧き起こり、プレゼンは大成功するはずです。

〝羽根のない扇風機〟に当てはめてみましょう。この場合、〝羽根のない扇風機〟という見えるひと言は「映画の予告編」にあたります。「全体像が見えそうで見えない、でも面白そう」と思わせる役割を担います。

続いて「何が欠落しているのか」を語ります。〝羽根のない扇風機〟であれば、「子どもが怪我をする」「掃除が面倒」といった不便さや不満です。

そこでこの欠けた部分を補うため賢者の助けを借りながら冒険の旅に出ます。それが企画内容、羽根がなくても風を起こす技術者といった賢者の力を借りながら、「そんなこと可能なのか」と考えている敵をどんどん倒していくわけです。

そうすれば「欠落していたもの＝子どもに危険・掃除が面倒」といった不満が満たされ世界がすこし良くなる（宝を持ち帰る）のです。

ひと言で企画を通す〝究極のテクニック〟！

最後に「企画を通すための究極のテクニック」をひと言で言いましょう。

とても強力なテクニックなので「ここぞ！」というときに、あなたもぜひ使ってください。

そのテクニックとは、

相手に思いつかせる

ことです。

私が『英会話体操 ZUIIKIN' ENGLISH』の企画を通したときのこと。

筋肉に英語を覚えさせるというコンセプトがひらめいた時点で、私にはオープニングのタイトルコールまでが思い浮かんでいました。

「筋肉、それも随意筋に覚えさせる英会話」なので、サブタイトルを“Lets! ZUIIKIN' ENGLISH”にして、それをコールすることで番組がスタートするというアイデアです。

しかし、私は企画書にはあえて、「ZUIIKIN' ENGLISH」というサブタイトルを入れなかったのです。

すると、会議の席で企画採用者が「随意筋に覚えさせる英語か、じゃあ“Lets! ZUIIKIN' ENGLISH”ってのはどうだ」と誇らしくいいました。

「私もそう考えていたんです」といったと思いますか?

私は、実はそのサブタイトルはとっくに思いついていたことをおくびにも出さず、「なるほど! いいですね、それいただきます」と間髪入れずに応えたのです。

相手はドヤ顔で、ご満悦の体さえ見せていました。

これが、「少しだけ空白を作っておいて、相手に思いつかせる」という究極のテクニックです。

その瞬間に、企画採用者にとって、この企画は、「自分が思いついたアイデア＝オレの企画」になるのです。「オレの考えた面白い企画」だから当然、企画は通ります。

こうして“Lets! ZUIIKIN' ENGLISH”というタイトルコールで番組が始まる『英会話体操』は無事にスタートしました。

あのときのプロデューサーはおそらくいまでも、「“Lets! ZUIIKIN' ENGLISH”はオレが考えたアイデア」だと思っているかもしれません。

それでいいのです。

企画は自分のアイデアを披瀝するものではなく、通すことで世界を少しでもよくするものなのですから。

「ひと言」で伝える技術

Point 1　それだけで企画が通るぐらい「ひと言」を磨きぬけ

- 「割り箸の袋の裏」に書いてできないプレゼンはダメ
- 企画書は体裁よりもインパクトを重視せよ

Point 2　伝え方の黄金パターン「ナナヘソナスの法則」

「!?（なになに!?）」——つかみ
「？（なんで？）」——目的、意識
「!!!（へえ！ そう！ なるほど！）」——核心
「!!（すっきり!!）」——納得、念押し

Point 3　プレゼンの鉄則「神話の法則」

- 何かが欠けた主人公が登場
- 賢者の助けを借りて試練を乗り越える
- その結果、宝を持ち帰る

Point 4　あえてすべてを伝えない

- 空白を残す
- 自分が思いついたことであっても、相手が思いついたことにする＝聞き手を巻き込む

あとがき

マスコミ界では「ひと言でいえない企画はダメ」が常識です。この出版企画が通ったのも、出版の世界にも「企画はひと言で言えることが大切」という暗黙知があったからかもしれません。

この本の冒頭で、様々な企画術の本に「ある共通のこと」が2、3行だけ、書かれていると述べました。いまも、いわゆる「企画術」の書籍を見ていると多くの著者が、本のどこかで「いい企画はひと言で言える」という文章を書いています。

ところが、なぜひと言で言うと企画が通るのか、ひと言で言うにはどうすればいいのか。そのノウハウは確立されていませんでした。

私は30年にわたって「企画をひと言で通す」経験を重ねてきました。その結果、私なりに、そのノウハウを体得してきたのです。

試行錯誤もあれば、手痛い失敗をしたこともあります。ノウハウの取得の道は「ひと言」では言い尽くせない、と言いたいくらいですが、そのノウハウを、私はこの本ですべて明かしたつもりです。

あなたも、このノウハウを使ってアイデアを「見えるひと言」「刺さるひと言」に凝縮するようにすれば、きっと、面白いように企画が通るようになります。

仕事でもプライベートでも、アイデアが通るようになれば、あなたの存在感はそれまでと比べものにならないくらい大きくなっていくでしょう。

もはや他人の企画を実現させるための「コマ」ではなくなり、他人があなたのアイデアを実現させるために動くようになるのですから。

そしてあなたのアイデアで、この世界は、ちょっとだけかもしれませんが、昨日より良くなるはずです。

今よりも暮らしがちょっとだけ便利になる。
今よりも少しだけ笑顔の人が増える。
今よりも仕事がちょっとだけ楽しくなる。
今よりも少しだけ困っている人が世の中からいなくなるのです。

本書は、2014年6月に日本能率協会マネジメントセンターから発行した同名書を文庫化にあたって加筆、修正したものです。

日経ビジネス人文庫

企画《きかく》は、ひと言《こと》。

2020年8月3日 第1刷発行

著者
石田章洋
いしだ・あきひろ

発行者
白石 賢

発行
日経BP
日本経済新聞出版本部

発売
日経BPマーケティング
〒105-8308 東京都港区虎ノ門4-3-12

ブックデザイン
鈴木成一デザイン室

本文DTP
マーリンクレイン

印刷・製本
中央精版印刷

Printed in Japan ISBN978-4-532-19980-7

本書籍に関するお問い合わせ、ご連絡は下記にて承ります。
https://nkbp.jp/booksQA

nbb 好評既刊

「一流」の仕事
小宮一慶

「一人前」にとどまらず「一流」を目指すために、仕事への向き合い方やすぐにできる改善、スキルアップ法を、人気コンサルタントがアドバイス。

「3人で5人分」の成果を上げる仕事術
小室淑恵

残業でなんとかしない、働けるチームをつくる、無駄な仕事を捨てる……。限られた人数と時間で結果を出す、驚きの仕事術を大公開！

35歳からの勉強法
齋藤 孝

勉強は人生最大の娯楽だ！ 音楽・美術・文学など興味ある分野から楽しく教養を学び、仕事も人生も豊かにしよう。齋藤流・学問のススメ。

人はチームで磨かれる
齋藤 孝

皆が当事者意識を持ち、創造性を発揮し、助け合うチームはいかにしてできるのか。その実践法を、日本人特有の気質も踏まえながら解説。

すぐれたリーダーに学ぶ言葉の力
齋藤 孝

傑出したリーダーの言葉には力がある。世界観と哲学、情熱と胆力、覚悟と柔軟さ——。賢人たちの名言からリーダーシップの本質に迫る。

nbb 好評既刊

齋藤孝の仏教入門

齋藤 孝

怒りに飲み込まれない、他人と比較しない、慈悲の心をもつ――。多忙な人こそ「悟り」を目指そう。忙しい人のための実践的仏教入門。

ユニクロ対ZARA

齊藤孝浩

商品開発から売り場構成、価格戦略まで巨大アパレル2社の強さの秘密を徹底解剖。両ブランドの革新性に焦点を当て、業界の未来を考察。

戦略プロフェッショナル

三枝 匡

日本企業に欠けているのは戦略を実戦展開できる指導者だ。市場シェアの大逆転を起こした36歳の変革リーダーの実話から描く改革プロセス。

経営パワーの危機

三枝 匡

変革のリーダーがいない。危機感がない。崩壊寸前の企業を甦らせた若き戦略型経営者の実話に基づくストーリーからマネジメントの真髄を説く。

V字回復の経営

三枝 匡

「V字回復」という言葉を流行らせた話題の書。実際に行われた組織変革を題材に迫真のストーリーで企業再生のカギを説く。

nbb 好評既刊

問題解決ラボ

佐藤オオキ

400超の案件を同時に解決し続けるデザイナーの頭の中を大公開！　デザイン目線で考えると、「すでにそこにある答え」が見えてくる。

佐藤可士和の超整理術

佐藤可士和

各界から注目され続けるクリエイターが、アイデアの源を公開。現状を打開して、答えを見つけるための整理法、教えます！

佐藤可士和のクリエイティブシンキング

佐藤可士和

クリエイティブシンキングは、創造的な考え方で問題を解決する重要なスキル。トップクリエイターが実践する思考法を初公開します。

佐藤可士和の打ち合わせ

佐藤可士和

打ち合わせが変われば仕事が変わり、会社が変わり、人生が変わる！　超一流クリエイターが生産性向上の決め手となる9つのルールを伝授。

LEAN IN

シェリル・サンドバーグ
川本裕子＝序文
村井章子＝訳

日米で大ベストセラー。フェイスブックCOOが書いた話題作、ついに文庫化！　その「一歩」を踏み出せば、仕事と人生はこんなに楽しい。

nbb 好評既刊

リーダーは最後に食べなさい！
サイモン・シネック
栗木さつき＝訳

TEDで視聴回数3位、全世界で3700万回以上再生された人気著者が、部下から信頼されるリーダーになるための極意を伝授。

How Google Works
エリック・シュミット
ジョナサン・ローゼンバーグ
ラリー・ペイジ＝序文

すべてが加速化しているいま、企業が成功するためには考え方を全部変える必要がある。グーグル会長が、新時代のビジネス成功術を伝授。

フランス女性は太らない
ミレイユ・ジュリアーノ
羽田詩津子＝訳

過激なダイエットや運動をせず、好きなものを食べて楽しむフランス女性が太らない秘密を大公開。世界300万部のベストセラー、待望の文庫化。

フランス女性の働き方
ミレイユ・ジュリアーノ
羽田詩津子＝訳

シンプルでハッピーな人生を満喫するフランス女性。その働き方の知恵と秘訣とは。『フランス女性は太らない』の続編が文庫で登場！

Becoming Steve Jobs 上・下
ブレント・シュレンダー
リック・テッツェリ
井口耕二＝訳

アップル追放から復帰までの12年間。この混沌の時代こそが、横柄で無鉄砲な男を大きく変えた。ジョブズの人間的成長を描いた話題作。

nbb 好評既刊

松下幸之助 夢を育てる
私の履歴書
松下幸之助

弱冠22歳の創業以来、電器一筋に世界的メーカーを育て上げ、「水道哲学」の理念の下、社会への発言を続けた〝経営の神様〟の履歴書。

賢人たちからの魔法の質問
マツダミヒロ

誰の人生を生きていますか? 心は何と言っていますか? エジソン、ドラッカー、ジョブズ、空海など100の名言を質問形式で投げかける。

稼げる人稼げない人の習慣
松本利明

〝どこでも〟〝どんな時でも〟サクサク結果を出す人は何が違うのか? 元外資系人事コンサルが明かす令和時代の働き方、思考、行動様式。

営業マンこれだけ心得帖
馬渕 哲
南條 恵

論理明快な営業マンより、少しトボケた営業マンのほうが成功する。結果を残す営業マンになるための勘所をマンガとともに解説。

人々はなぜグローバル経済の本質を見誤るのか
水野和夫

20世紀後半に進展した情報技術とグローバリゼーションによって築かれた新たな世界経済の姿を、膨大なデータと歴史分析で描く注目の書。